DEUTSCH IM BERUF

# Wirtschaft

LEHRBUCH 2

VON

HEINRICH P. KELZ

GABRIELE NEUF

DK 50706

DK

DÜRR + KESSLER

Deutsch im Beruf:
Wirtschaft

Ein Lehrwerk für
Deutsch als Fremdsprache
mit dem Schwerpunkt
Geschäfts- und Handelssprache

Herausgegeben von
Heinrich P. Kelz

Piktogramme

Aufgabe

Partnerübung

Text/Übung auf Kassette

! Besonderheiten

Zu dem Lehrwerk Wirtschaft gehören folgende Teile:

| | | |
|---|---|---|
| H. P. Kelz, G. Neuf<br>**Lehrbuch 1**<br>3-8018-**5060-9** | **Lehrbuch 2**<br>3-8018-**5070-6** | Kompendien mit Glossar in den Sprachen<br>**Englisch**<br>**Französisch**<br>**Russisch**<br>**Italienisch**<br>**Spanisch**<br>**Niederländisch** |
| U. Hassel, B. Varnhorn<br>**Arbeitsbuch 1**<br>3-8018-**5063-3** | **Arbeitsbuch 2**<br>3-8018-**5071-4** | |
| H. P. Kelz, G. Neuf<br>**Ton-Kassette 1**<br>3-8018-**5061-7** | **Ton-Kassette 2**<br>3-8018-**5072-2** | |
| G. Neuf<br>**Lehrerhandreichung 1**<br>3-8018-**5062-5** | **Lehrerhandreichung 2**<br>3-8018-**5073-0** | |

DÜRR + KESSLER
Fuggerstraße 7 · 51149 Köln
Dürr + Kessler ist ein Verlag der Stam GmbH.

ISBN 3-8018-**5070**-6

# INHALT

# Das Problem mit der M-CC-1

Kennen Sie die Geschichte der M-CC-1 aus dem ersten Band?

Wenn Sie sie kennen, dann erzählen Sie sie aus dem Gedächtnis! Sie können dazu auch das folgende Schema zu Hilfe nehmen.

Wenn Sie sie nicht kennen, dann überlegen Sie, was in einem Betrieb passiert, wenn eine zusätzliche Maschine in die laufende Produktion eingeschoben werden soll. Vergleichen Sie Ihre Überlegungen mit dem Text auf der nächsten Seite!

Rückkehr des Außendienstmitarbeiters aus Wien. Gespräch mit der Chefsekretärin

Bericht an den Chef – zwei Probleme:

zu hoher Preis

zu lange Lieferzeit

Lösungsversuch: Telefonat mit dem Produktionsleiter: Teilefertigung kein Problem, aber zwei andere Probleme

Terminkalender

Montage – Personalengpaß

Lager: fehlende Steuerungsmodule

Besprechung mit dem Werkstattleiter und dem Leiter der Konstruktion

Bestellung des Moduls

Gespräch mit dem Produktionsleiter

temporäre Lösung: Überstunden

dauerhafte Lösung: mehr Personal

Telefonat mit der Londoner Vertretung

Personalanforderung: Gespräch zwischen Chef und Produktionsleiter

Preis und Zahlungsbedingungen: Gespräch zwischen Produktionsleiter und Außendienstmitarbeiter

Kündigung eines Mitarbeiters

Ankunft des Vertriebsleiters von Lang Benelux

Personalbeschaffung: Gespräch zwischen Firmenchef, Personalchefin und Produktionsleiter

Abendessen mit dem Vertriebsleiter von Lang Benelux: Umsatzentwicklung in den Benelux-Ländern

# Eine Prägemaschine geht in Produktion

Im ersten Band wurde über die Bestellung einer Prägemaschine bei der Firma Lang in Fürth berichtet. Was war passiert?

Herr Klein, ein Außendienstmitarbeiter der Fa. Lang, kam von einem Kundenbesuch zurück. Ein langjähriger und wichtiger Kunde in Wien, die Fa. Sturm, wollte eine neue Prägemaschine, die M-CC-1, bestellen. Doch der Preis erschien ihr zu hoch, und außerdem war die Lieferfrist zu lang. Das Wiener Unternehmen benötigte die Maschine so schnell wie möglich.

Bei der Rückkehr in sein Fürther Büro wurde Herr Klein bereits von seinem Chef, Herrn Lang, erwartet. Frau Haber, die Chefsekretärin, bat ihn daher, sofort zum Chef zu kommen.

Herr Klein berichtete ihm von den beiden Problemen. Herr Lang dachte über eine Lösung nach. Er schlug vor, den Preis neu zu kalkulieren. Und wegen der Lieferfrist rief Herr Klein sofort den Produktionsleiter, Herrn Spät, an. Mit ihm besprach er das Problem.

Die Produktionszeit schätzte Herr Spät auf ca. acht Wochen. Allerdings stellte sich dann noch heraus, daß kein Steuerungsmodul auf Lager war. Also bat er seine Mitarbeiterin, Frau Hellmann, die Bestellnummer aus dem Katalog zu suchen. Anschließend bestellte er das Steuerungsmodul telefonisch beim Auslieferungslager der Fa. Siemens.

Frau Schneider von der Firma Siemens nahm den Auftrag entgegen und versprach ihm, das Modul so schnell wie möglich zu schicken.

Herr Spät besprach dann den Fertigungsplan mit dem Leiter des Konstruktionsbüros, Herrn Mitter, und dem Werkstattleiter, Herrn Heuberger. Dabei stellte sich heraus, daß die Teilefertigung kein Problem war, aber daß es Engpässe bei der Montage gab. Deshalb schlug Herr Mitter vor, in der Montage Überstunden zu machen, und bot sich an, mit den Mitarbeitern, d. h. mit dem Betriebsrat, zu sprechen.

Am nächsten Tag erwartete Herr Lang den Vertriebsleiter für die Benelux-Länder, Herrn van Beeken. Außerdem führte er ein Telefonat mit dem Leiter der Londoner Vertretung, Robert Barnes, und natürlich erkundigte er sich schon früh nach den Lösungsmöglichkeiten für das Problem mit der M-CC-1.

Er erfuhr, daß die Mitarbeiter in der Montageabteilung bereit waren, Überstunden zu machen. In einem Gespräch mit Herrn Spät wurde auch die Personalsituation in der Produktion diskutiert. Sowohl bei der Montage als auch in der Konstruktion fehlte es an Personal. Bei einem weiteren Gespräch übergab Herr Spät Herrn Lang eine Aufstellung des zusätzlichen Personalbedarfs: drei neue Facharbeiter in der Montage und zwei Ingenieure in der Konstruktion. Von den beiden Ingenieuren war aber einer nur Ersatz für Herrn Baumann, ebenfalls Ingenieur in der Konstruktionsabteilung. Herr Baumann wollte zu einer anderen Firma gehen.

Herr Lang setzte sich sofort mit der Leiterin der Personalabteilung, Frau Maiwald, in Verbindung. Sie schlug in einem Gespräch mit den Herren Lang und Spät vor, die Stellen sofort auszuschreiben, und zwar die Stellen für die Facharbeiter lokal und die Stellen für die Ingenieure überregional.

In einem weiteren Gespräch zwischen Herrn Spät und Herrn Klein wurde der mögliche Preisnachlaß für die Fa. Sturm besprochen. Man einigte sich auf 3 % und die Übernahme der Kosten für die Monteurstunden bei der Aufstellung der Maschine.

*Suchen Sie im Text Verben im Präteritum!*

Welche enden auf **-te** oder **-ten**, welche nicht?

| PRÄTERITUM | | |
|---|---|---|
| SCHWACHE VERBEN **(-te, -ten)** | STARKE VERBEN **(-, -en)** | INFINITIV |
| | kam | kommen |
| wollte | | wollen |
| | erschien | erscheinen |
| benötigte | | |

## -(e)te, -(e)ten

*PRÄTERITUM DER SCHWACHEN VERBEN*

Wir hörten von der Bestellung einer Prägemaschine.
Herr Klein berichtete seinem Chef von den beiden Problemen.
Es stellte sich heraus, daß kein Steuerungsmodul auf Lager war.
Herr Lang telefonierte mit dem Leiter der Londoner Vertretung.

| | | | | |
|---|---|---|---|---|
| SINGULAR | 1. PERSON | ich | leg**te** | arbeit**ete** |
| | 3. PERSON | er<br>es<br>sie | leg**te** | arbeit**ete** |
| | 2. PERSON | Sie | leg**ten** | arbeit**eten** |
| PLURAL | 3. PERSON | sie | leg**ten** | arbeit**eten** |
| | 1. PERSON | wir | leg**ten** | arbeit**eten** |
| INFINITIV | | | leg**en** | arbeit**en** |
| *ebenso:* | | | machen<br>kaufen<br>hören | warten<br>melden<br>rechnen |

*Bilden Sie das Präteritum!*

nützen, führen, reisen, wünschen, wollen, stellen, danken, wählen, hoffen, sagen, prüfen, sorgen, kaufen

bedienen, benachrichtigen, bezahlen, bestellen, gehören, versuchen, verkaufen, unterstützen, verdienen

telefonieren, exportieren, informieren

zustimmen, auswählen, mitteilen, abholen

stempeln, dauern, fordern, feiern, verhandeln

sich begnügen, sich auswirken

melden, rechnen, warten, bedeuten, ausbilden

**!**

kennen → kannte(n)
nennen → nannte(n)
denken → dachte(n)
bringen → brachte(n)

mögen → mochte(n)
können → konnte(n)
dürfen → durfte(n)
müssen → mußte(n)
wissen → wußte(n)

*Setzen Sie die richtigen Formen des Präteritums ein!*

Die Firma ______ eine neue Prägemaschine bestellen. (wollen)
Das Wiener Unternehmen ______ eine neue Maschine. (brauchen)
Herr Klein ______ in sein Further Büro ______. (zurückkehren)
Herr Lang ______ sofort eine Lösung. (wissen)
Der Preis ______ neu kalkuliert werden. (sollen)
Herr Spät ______ die Produktionszeit auf acht Wochen. (schätzen)
Er ______ das Steuerungsmodul telefonisch. (bestellen)
Es ______, daß die Teilefertigung kein Problem war. (sich herausstellen)
Herr Lang ______ nach Lösungsmöglichkeiten. (sich erkundigen)
Überall ______ es an Personal. (fehlen)

## te ↔ t

*VERBFORMEN MIT UND OHNE ZENTRALVOKAL*

hatte – hat
kalkulierte – kalkuliert
notierte – notiert
hörte – hört
passierte – passiert

bestellte – bestellt
besuchte – besucht
suchte – sucht
sagte – sagt
schickte – schickt

stellte – stellt
brauchte – braucht
machte – macht
legte – legt

*Hören Sie ein **e**?*

| | 1 | 2 | 3 | 4 | 5 | 6 | 7 | 8 | 9 |
|---|---|---|---|---|---|---|---|---|---|
| + | ☐ | ☐ | ☐ | ☐ | ☐ | ☐ | ☐ | ☐ | ☐ |
| – | ☐ | ☐ | ☐ | ☐ | ☐ | ☐ | ☐ | ☐ | ☐ |

## e ↔ te

*VERBFORMEN MIT UND OHNE T*

fehlen – fehlten
sollen – sollten
machen – machten
besuchen – besuchten
setzen – setzten
schicken – schickten

stellen – stellten
wollen – wollten
suchen – suchten
brauchen – brauchten
schätzen – schätzten

führen – führten
diskutieren – diskutierten
hören – hörten
notieren – notierten

erkundigen – erkundigten
fertigen – fertigten
einigen – einigten

legen – legten
sagen – sagten

*Hören Sie ein **t**?*

| | 1 | 2 | 3 | 4 | 5 | 6 | 7 | 8 | 9 |
|---|---|---|---|---|---|---|---|---|---|
| + | ☐ | ☐ | ☐ | ☐ | ☐ | ☐ | ☐ | ☐ | ☐ |
| – | ☐ | ☐ | ☐ | ☐ | ☐ | ☐ | ☐ | ☐ | ☐ |

## -, -en

*PRÄTERITUM DER STARKEN VERBEN*

Herr Klein kam aus Wien zurück.
Der Preis erschien zu hoch.
Herr Lang erfuhr es von Herrn Mitter.
Herr Spät und Herr Klein flogen nach Rom.

| | | | | |
|---|---|---|---|---|
| SINGULAR | 1. PERSON | ich | lag | fuhr |
| | 3. PERSON | er<br>es<br>sie | lag | fuhr |
| | 2. PERSON | Sie | lag**en** | fuhr**en** |
| PLURAL | 3. PERSON | sie | lag**en** | fuhr**en** |
| | 1. PERSON | wir | lag**en** | fuhr**en** |
| INFINITIV | | | liegen | fahren |

| | | | |
|---|---|---|---|
| sehen | → sah(en) | bleiben | → blieb(en) |
| geben | → gab(en) | schreiben | → schrieb(en) |
| empfehlen | → empfahl(en) | entscheiden | → entschied(en) |
| nehmen | → nahm(en) | erscheinen | → erschien(en) |
| vertreten | → vertrat(en) | steigen | → stieg(en) |
| liegen | → lag(en) | treiben | → trieb(en) |
| tun | → tat(en) | unterscheiden | → unterschied(en) |
| sprechen | → sprach(en) | laufen | → lief(en) |
| betreffen | → betraf(en) | rufen | → rief(en) |
| vergessen | → vergaß(en) | schlafen | → schlief(en) |
| essen | → aß(en) | beraten | → beriet(en) |
| bitten | → bat(en) | fallen | → fiel(en) |
| kommen | → kam(en) | lassen | → ließ(en) |
| helfen | → half(en) | halten | → hielt(en) |
| gelten | → galt(en) | fangen | → fing(en) |
| sterben | → starb(en) | gehen | → ging(en) |
| entwerfen | → entwarf(en) | begleichen | → beglich(en) |
| trinken | → trank(en) | unterstreichen | → unterstrich(en) |
| sinken | → sank(en) | greifen | → griff(en) |
| gelingen | → gelang(en) | beziehen | → bezog(en) |
| schwimmen | → schwamm(en) | bieten | → bot(en) |
| beginnen | → begann(en) | fliegen | → flog(en) |
| verbinden | → verband(en) | wiegen | → wog(en) |
| befinden | → befand(en) | verlieren | → verlor(en) |
| stehen | → stand(en) | ziehen | → zog(en) |
| laden | → lud(en) | heben | → hob(en) |
| betragen | → betrug(en) | fließen | → floß (flossen) |
| fahren | → fuhr(en) | beschließen | → beschloß (beschlossen) |
| schlagen | → schlug(en) | | |

*Setzen Sie die richtigen Formen des Präteritums ein!*

Herr Klein ______ aus Wien ______. (zurückkommen)
Frau Haber ______ ihn in seinem Büro. (sehen)
Sie ______ ihn, zum Chef zu kommen. (bitten)
Sie ______ dann zusammen zu Herrn Lang. (gehen)
Herr Klein ______ mit ihm das Problem. (besprechen)
Der Firma Sturm ______ der Preis zu hoch. (scheinen)
Frau Hellmann ______ den Katalog. (nehmen)
Was ______ Herr Spät dann? (tun)
Er ______ telefonisch mit Frau Schneider. (sprechen)
Das Telefonat ______ die Bestellung eines Steuerungsmoduls. (betreffen)
Frau Schneider ______ den Auftrag ______. (entgegennehmen)
Aber es ______ ______ kein Modul am Lager. (sich befinden)
Herr Spät ______ dem Geschäftsführer eine Aufstellung. (übergeben)
Herr Lang ______ Frau Maiwald, die Leiterin der Personalabteilung, ______. (anrufen)
Sie ______ ______, die Stellen sofort auszuschreiben. (vorschlagen)
Herr Lang ______ mit Herrn Spät den Fertigungsplan. (besprechen)
Sie ______, das Problem durch Überstunden zu lösen. (beschließen)

-e, -en

*PRÄTERITUM VON WERDEN UND PRÄTERITUM PASSIV*

Herr Klein wurde von seinem Chef, Herrn Lang, erwartet.
In einem Gespräch wurden die Personalsituation und die Kündigung diskutiert.

| | | | | |
|---|---|---|---|---|
| SINGULAR | 1. PERSON | ich | wurd**e** | erwartet |
| | 3. PERSON | er<br>es<br>sie | wurd**e** | besucht |
| | 2. PERSON | Sie | wurd**en** | gebeten |
| PLURAL | 3. PERSON | sie | wurd**en** | angerufen |
| | 1. PERSON | wir | wurd**en** | vorgestellt |

# Geschichte eines Unternehmens

*Verfassen Sie einen Bericht zur Geschichte der Firma Lang anhand der folgenden Daten:*

1899 Gründung des Unternehmens durch Konrad Lang in Fürth
1903 Mitarbeiterzahl: 25
1905 Aufbau eines Vertriebsnetzes in Deutschland
1913 Mitarbeiterzahl: 52
1928 Teilnahme an der Industriemesse in Paris
1931 Mitarbeiterzahl: 76
1935 weltweites Patent für die neue Metallfolie
1944 Zerstörung der Werkhalle durch Kriegseinwirkung
1946 Beginn des Wiederaufbaus nach dem Krieg
1958 Umstellung von Zellophan- auf Polyesterfolien in der Produktion
1960 Mitarbeiterzahl: 200
1963 Beginn der Maschinenproduktion
1967 Gründung einer Verkaufsniederlassung in Frankreich
1969 Gründung einer Verkaufsniederlassung in Großbritannien
1970 Umwandlung der Personengesellschaft in eine Kapitalgesellschaft (GmbH)
1971 Eröffnung einer Vertriebsorganisation in Japan
1973 Erwerb des Tochterunternehmens Hastings in Philadelphia
1975 Mitarbeiterzahl: 670
1976 Beginn der Produktion von Chromfolien für die Automobilindustrie
1976 Errichtung eines Betriebsrats gemäß Betriebsverfassungsgesetz
1980 Beginn der Produktion von Furnierfolien für die Möbelindustrie
1982 Mitarbeiterzahl: 970
1984 Errichtung eines Zweigwerks in Sulzbach-Rosenberg
1993 Mitarbeiterzahl: 1340

Gründung des Unternehmens durch K.L. – K.L. gründete das Unternehmen – das Unternehmen wurde von K.L. gegründet

Teilnahme an der Ausstellung – die Firma nahm an der Ausstellung teil

weltweite Anerkennung der Folien – die Folien wurden weltweit anerkannt

die Gründung < gründen
der Aufbau < aufbauen
die Teilnahme < teilnehmen
der Beginn < beginnen

die Zahl der Mitarbeiter – war... betrug... stieg auf...

die Firma hatte... Mitarbeiter

Zerstörung der Werkhalle – die Werkhalle wurde zerstört

Das Unternehmen wurde 1899 von Konrad Lang in Fürth gegründet (*oder*: Konrad Lang gründete 1899 das Unternehmen in Fürth). Bereits 1903 hatte die Firma 25 Mitarbeiter. Im Jahre 1905 . . .

## zu + INFINITIV

*INFINITIV MIT ZU*

Frau Haber bat Herrn Klein, sofort zum Chef zu kommen.
Herr Spät bat Frau Hellmann, die Bestellnummer herauszusuchen.
Wer schlug vor, mit der Besprechung sofort zu beginnen?
Sie hatten die Absicht, sich zu einigen.

*Wo steht **zu**? Finden Sie die Regel!*

| | | | |
|---|---|---|---|
| gehen | → zu gehen | sich einigen | → sich zu einigen |
| sehen | → zu sehen | sich irren | → sich zu irren |
| sprechen | → zu sprechen | | |
| kommen | → zu kommen | aufstehen | → aufzustehen |
| | | ankommen | → anzukommen |
| erwarten | → zu erwarten | nachdenken | → nachzudenken |
| beginnen | → zu beginnen | mitnehmen | → mitzunehmen |
| versuchen | → zu versuchen | aufhören | → aufzuhören |
| gebrauchen | → zu gebrauchen | einkaufen | → einzukaufen |
| | | vorstellen | → vorzustellen |
| telefonieren | → zu telefonieren | | |
| notieren | → zu notieren | | |

*Setzen Sie die richtigen Infinitive ein!*

Frau Haber bat Herrn Klein _____ . (herkommen)
Die Firma versprach dem Kunden, die Lieferzeiten _____ . (verkürzen)
Herr Spät bat seine Mitarbeiterin, die Bestellnummer _____ . (heraussuchen)
Frau Schneider versprach ihm, das Modul so schnell wie möglich _____ . (zuschicken)
Herr Mitter schlug vor, sofort Herrn Heuberger _____ . (anrufen)
Wer bot sich an, mit den Mitarbeitern _____ ? (sprechen)
Die Mitarbeiter waren bereit, Überstunden _____ . (machen)
Frau Maiwald schlug vor, die Stellen sofort _____ . (ausschreiben)

## sehen, lassen / hören, gehen + INFINITIV

*INFINITIV OHNE ZU*

Er **sah** das Problem schon vor Wochen **kommen.**
Ich **höre** ihn schon **sagen**, daß die Finanzierung nicht klappt.
Herr Spät **ließ** sich die Bestellnummer **geben**.
**Gehen** Sie bitte das Auftragsbuch **holen!**

**!** Der Chef hat Herrn Klein rufen lassen.
Die Maschine ist nicht rechtzeitig fertig; das habe ich kommen sehen.

## zu + INFINITIV ◄► daß-SATZ

*INFINITIVSATZ ODER daß-SATZ*

Herr Lang hat vergessen . . .

Herr Lang sollte Herrn Barnes anrufen.

*identisch → Infinitivsatz:*

Herr Lang hat vergessen, Herrn Barnes anzurufen.

Herr van Beeken kommt heute.

*nicht identisch → **daß**-Satz:*

Herr Lang hat vergessen, daß Herr van Beeken heute kommt.

Herr Lang lud Herrn van Beeken ein . . .

Herr van Beeken sollte ins Hotel Forsthaus kommen.

*identisch → Infinitivsatz:*

Herr Lang lud Herrn van Beeken ein, ins Hotel Forsthaus zu kommen.

Herr Lang empfiehlt ihnen . . .

Sie sollen die neue Maschine prüfen.

*identisch → Infinitivsatz:*

Herr Lang empfiehlt ihnen, die neue Maschine zu prüfen.

*Verbinden Sie die beiden Sätze, und wählen Sie zwischen **daß**-Satz und Infinitiv mit und ohne **zu**!*

Frau Haber bat Herrn Klein: Er sollte sofort zum Chef kommen.
Herr Spät schätzt: Die Produktionszeit beträgt ca. acht Wochen.
Frau Schneider versprach: Sie wollte das Modul so schnell wie möglich schicken.
Herr Mitter bot sich an: Er wollte mit den Mitarbeitern in der Montage sprechen.
Bei der Überprüfung stellte sich heraus: Kein Steuerungsmodul war auf Lager.
Herr Spät bat seine Mitarbeiterin: Sie sollte die Bestellnummer heraussuchen.
Frau Hellmann geht: Sie holt den Katalog von Siemens.
Bei der Besprechung stellten wir fest: Die Teilefertigung war kein Problem.
Herr Lang erfährt: Die Mitarbeiter machen Überstunden.
Man einigte sich: Man wollte 3 % und die Übernahme der Aufstellkosten anbieten.
In der Diskussion wurde festgestellt: Sowohl in der Konstruktion als auch in der Montage fehlte es an Personal.

⬡, ⬡, *APPOSITION*

Der Werkstattleiter, Herr Heuberger, geht zu einer Besprechung.
Kommt Herr Spät ohne Herrn Heuberger, den Werkstattleiter?
AKK

Er geht mit dem Werkstattleiter, Herrn Heuberger, ins Büro.
DAT

Herr Lang telefoniert mit Frau Maiwald, der Personalchefin, wegen des Personalbedarfs.
Herr Klein hat den Auftrag der Fa. Sturm, eines alten und wichtigen Kunden in Wien, erhalten.

*Ergänzen Sie die Endungen!*

Ich telefoniere mit Frau Haber, d ___ Sekretärin von Herrn Lang.
D ___ Chef der Fa. Lang, Herr Peter Lang, kümmert sich selbst um jeden größeren Auftrag.
Frau Haber und Herr Klein gingen zu Herrn Lang, unser ___ Chef.
Frau Haber, d ___ Chefsekretärin, hatte Herrn Klein gesehen.
Herr Klein wurde von sein ___ Chef, Herrn Lang, erwartet.
Er hat die Firma Sturm, ein ___ alt ___ und wichtig ___ Kunden in Wien, besucht.
Kannten Sie Herrn Mitter, d ___ Leiter des Konstruktionsbüros?
Kam Herr Mitter ohne Herrn Heuberger, unser ___ Werkstattleiter?
Herr Spät bat Frau Hellmann, sein ___ Mitarbeiterin, die Bestellnummer zu suchen.

-er *ADJEKTIVE VON STÄDTEN*

unser Wiener Kunde, im Fürther Büro, die Londoner Vertretung, auf der Leipziger Messe, Dortmunder Bier, im New Yorker Hafen, ein Berliner

| | | | | | |
|---|---|---|---|---|---|
| Bonn | → Bonner | Hamburg | → Hamburger | Heidelberg | → Heidelberger |
| Frankfurt | → Frankfurter | Essen | → Essener | Rostock | → Rostocker |
| Neustadt | → Neustädter | Darmstadt | → Darmstädter | Mailand | → Mailänder |
| ! Karlsruhe | → Karlsruher | Celle | → Celler | | |
| München | → Münchner | Dresden | → Dresdner | Basel | → Basler |
| Solingen | → Solinger | Bremen | → Bremer | Erlangen | → Erlanger |

Frankfurter Allgemeine
Hamburg-Mannheimer
ALTE LEIPZIGER
LEIPZIGER VOLKSZEITUNG WISSEN, WAS DIE WELT BEWEGT
Stuttgarter Versicherung
Leonberger Bausparkasse
Gothaer Versicherungen
Dresdner Bank
JENAER GLAS®

# Wie können wir dem Kunden entgegenkommen?

Herr Klein
Fa. Lang, Fürth

Die Fa. Lang möchte dem Kunden entgegenkommen – allerdings in Grenzen, da ihre Maschinen einen technischen Vorsprung vor den Konkurrenzprodukten haben. Sie bieten einen Preisnachlaß von 3 % und die Übernahme der Kosten für die Monteurstunden bei der Aufstellung der Maschine.

Die Lieferzeit beträgt normalerweise acht Wochen, kann aber auf fünf Wochen reduziert werden.

Herr Gerlach
Fa. Sturm, Wien

Die Fa. Sturm weiß, daß die Maschinen von Lang ausgereifter sind als die Produkte anderer Hersteller. Aber sie möchte dennoch über den Preis verhandeln. Sie fordert einen Preisnachlaß von mindestens 5 % und kostenlosen Service bei der Aufstellung der Maschine.

Außerdem braucht sie die Maschine bereits in vier und nicht erst in acht Wochen.

Welche Möglichkeiten einer Einigung sehen Sie? *Diskutieren Sie!*

*Spielen Sie ein Gespräch zwischen Herrn Klein und Herrn Gerlach, um eine Einigung zu erzielen!*

*Hören Sie nun einen Ausschnitt aus dem Gespräch zwischen Herrn Klein und Herrn Lang!*

Mit welchen Argumenten wird die Forderung der Fa. Sturm abgelehnt?

Was wird zu folgenden Fragen gesagt:
1. Frage des Preises
2. Frage der Zahlungsmodalitäten
3. Frage der Aufstellungskosten
4. Frage der Transportkosten
5. Frage der Lieferfrist

Warum werden nach Ihrer Meinung einige dieser Punkte nicht angesprochen?

*Lesen Sie jetzt den Dialog!*

*Herr Lang:* So, und jetzt zu Sturm. Haben Sie mit ihnen gesprochen?

*Herr Klein:* Ja, ich hab' mit Herrn Gerlach telefoniert, nachdem ich ihnen das Fax zugesandt hatte.

*Herr Lang:* Und was haben sie zu unserm Angebot gesagt?

*Herr Klein:* Sie waren natürlich erfreut, daß die Lieferzeit verkürzt werden konnte. Ursprünglich waren sie zwar von einer Lieferzeit von vier Wochen ausgegangen. Aber fünf Wochen – das geht auch in Ordnung.

*Herr Lang:* Und der Preis – war der auch in Ordnung?

*Herr Klein:* Naja, da hatten die eigentlich etwas mehr erwartet: mindestens 5 % und Übernahme aller Kosten für die Aufstellung.

*Herr Lang:* Das ist ja wohl nicht drin.

*Herr Klein:* Aber wir müssen dem Kunden irgendwie entgegenkommen.

*Herr Lang:* Sagen Sie mal, glauben Sie eigentlich, daß sich Sturm bereits ein anderes Angebot eingeholt hatte, bevor Sie in Wien waren?

*Herr Klein:* Möglich. Herr Gerlach hat am Telefon jedenfalls sowas anklingen lassen, nachdem ich ihm die neuen Konditionen genannt hatte. Durchaus denkbar, daß sie auch mit der Konkurrenz verhandeln.

*Herr Lang:* Das kann doch nur Krönmeyer sein.

*Herr Klein:* Vielleicht. Natürlich werden sie alles tun, um ein günstiges Angebot zu bekommen.

*Herr Lang:* Das ist ja klar.

*Herr Klein:* Also, was kann ich ihnen sagen?
Ich hatte Herrn Sturm bereits in Wien unser Entgegenkommen signalisiert.

*Herr Lang:* Also gut. Um die Sache zum Abschluß zu bringen, bin ich mit 4 % einverstanden. Aber die Aufenthaltskosten für den Monteur – die muß Sturm tragen.

*Herr Klein:* Gut, ich ruf' gleich an, um die Sache schnell zu erledigen.

*Herr Lang:* Tun Sie das!

*Herr Klein:* Ich hoffe, sie akzeptieren jetzt. Spät hat ja schon Vorbereitungen getroffen, um die Maschine noch reinzuschieben.

'

*ELISION VON E IN DER GESPROCHENEN SPRACHE*

| *gesprochen:* | *geschrieben:* |
|---|---|
| hab' | habe |
| unserm | unserem |
| ruf' an | rufe an |

*Hören Sie Beispiele aus dem Dialog, und schreiben Sie die Wörter (wie in der geschriebenen Sprache) auf!*

hatte(n)
war(en) + PARTIZIP

*PLUSQUAMPERFEKT*

Herr Klein war nach Wien gefahren.
Die Fa. Sturm hatte eigentlich mindestens 5 % Nachlaß erwartet.

| | | | | |
|---|---|---|---|---|
| SINGULAR | 1. PERSON | ich | war gekommen | hatte gekündigt |
| | 3. PERSON | er<br>es<br>sie | war gekommen | hatte gekündigt |
| | 2. PERSON | Sie | waren gekommen | hatten gekündigt |
| PLURAL | 3. PERSON | sie | waren gekommen | hatten gekündigt |
| | 1. PERSON | wir | waren gekommen | hatten gekündigt |

*Setzen Sie die Formen des Plusquamperfekts ein!*

Der Vertriebsleiter von Lang Benelux war nach Fürth gekommen.
Herr Baumann, ein Ingenieur in der Konstruktionsabteilung, hatte gekündigt.

Was ______ ______? (passieren)
Herr Klein ______ in Wien einen alten Kunden ______. (besuchen)
Am Mittag ______ er ______. (zurückkehren)
Sie ______ ursprünglich eine Lieferzeit von vier Wochen ______. (verlangen)
Ich ______ Herrn Sturm bereits in Wien unser Entgegenkommen ______. (signalisieren)

| | ZEITEBENE 1 (z. B. gestern oder vor fünf Stunden) | | ZEITEBENE 2 (jetzt) |
|---|---|---|---|
| | PLUSQUAMPERFEKT | PRÄTERITUM PERFEKT | PRÄSENS |
| | Ursprünglich waren sie von einer Lieferzeit von 4 Wochen ausgegangen. | Die Lieferzeit konnte aber verkürzt werden. | Die vereinbarte Lieferzeit beträgt jetzt 3 Wochen. |
| | Herr Klein hatte sich auf die Verhandlungen in Wien gut vorbereitet. | Das Verhandlungsgespräch hat keine endgültige Einigung erbracht. | Er bespricht die anstehenden Probleme mit dem Chef. |

Z E I T →

| | 1 (vorher) | 2 (nachher) | |
|---|---|---|---|
| PLUSQUAMPERFEKT | Herr Klein hatte der Wiener Firma ein Angebot per Fax zugesandt. | Es ist aber nie in Wien angekommen. | PRÄTERITUM PERFEKT |
| PLUSQUAMPERFEKT | Frau Hellmann hatte die Bestellnummer gefunden. | Herr Spät bestellte das Modul. | PRÄTERITUM PERFEKT |
| PLUSQUAMPERFEKT | Herr Lang hatte Herrn van Beeken eingeladen. | Herr van Beeken ging mit Herrn Lang zum Essen. | PRÄTERITUM PERFEKT |
| PRÄTERITUM PERFEKT | Herr Klein kehrte zurück. | Frau Haber sieht ihn. | PRÄSENS |
| PRÄTERITUM PERFEKT | Herr Klein hat ein Fax geschickt. | Es ist aber noch etwas unklar. | PRÄSENS |

## bevor, als, nachdem

*KONJUNKTIONEN ZUM ZEITBEZUG*

Herr Klein war in seinem Büro, <u>als</u> Frau Haber hereinkam.
Er hat mit Wien telefoniert, <u>nachdem</u> er das Fax dorthin zugesandt hatte.
Hatte sich Sturm bereits ein anderes Angebot eingeholt, <u>bevor</u> Sie in Wien waren?
<u>Als</u> Frau Hellmann die Nummer gefunden hatte, bestellte Herr Spät das Modul telefonisch.
<u>Bevor</u> Herr Spät das Modul bestellte, suchte Frau Hellmann die Bestellnummer.

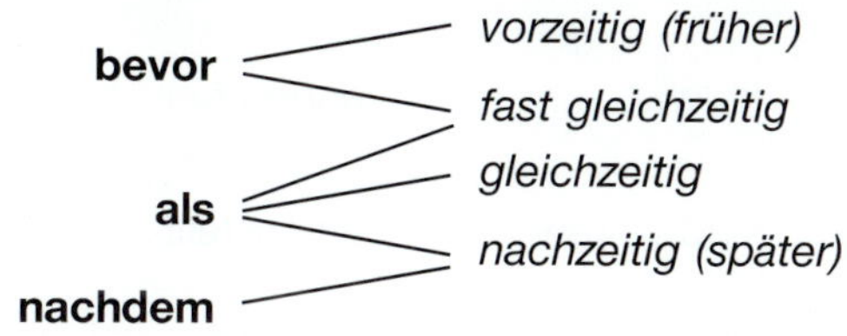


*Setzen Sie **bevor, als** oder **nachdem** und die richtige Form des Verbs ein!*

___ Herr Klein Herrn Lang ___ (begrüßen), ___ (berichten) er ihm über das Ergebnis seiner Wienreise. ___ Herr Lang mit Herrn Spät ___ (telefonieren), ___ (erfahren) er, daß die Produktionszeit acht Wochen ___ (betragen). ___ die Herren Spät, Mitter und Heuberger den Fertigungsplan ___ (besprechen), ___ (sich herausstellen), daß es Engpässe in der Montage gab. ___ Herr Mitter ___ (vorschlagen), Überstunden zu machen, ___ (sich anbieten) er, mit den Mitarbeitern zu sprechen. ___ Herr van Beeken in Nürnberg ___ (landen), ___ (fahren) ihn ein Fahrer mit dem Firmenwagen nach Fürth. ___ er mit dem Leiter der Exportabteilung ___ (sprechen), ___ (begrüßen) er Herrn Lang. ___ sie sich abends zum Essen ___ (treffen), ___ (besprechen) sie die Umsatzentwicklung in den Benelux-Ländern.
Herr Gerlach ___ am Telefon so etwas ___ (anklingen lassen), ___ Herr Klein ihm die neuen Konditionen ___. (nennen)
Herr Spät ___ schon Vorbereitungen ___ (treffen), ___ Herr Klein in Wien ___. (anrufen)

*INTONATION*

Ich war bereits in meinem Bü ro, als Frau Ha ber hereinkam.

Nachdem ich Herrn Lang be grüßt hatte, berichtete ich ihm über das Ergebnis meiner Wien reise.

Als ich mit Herrn Spät telefonier te, erfuhr ich, daß er die Produktionszeit auf acht Wo chen schätzte.

Bevor Herr van Beeken mit dem Leiter der Export abteilung sprach, hatte Herr Lang ihn be grüßt.

Als sie sich abends zum Es sen trafen, besprachen sie die Umsatzentwicklung in den Bene lux- Ländern.

Hatte sich Sturm bereits ein an deres Angebot eingeholt, bevor Sie in Wien waren?

Nachdem Frau Hellmann die Num mer gefunden hatte, bestellte Herr Spät das Modul tele fo nisch.

Nachdem Herr Mitter vor geschlagen hatte, Ü berstunden zu machen,

bot er sich an, mit den Mitarbeitern zu spre chen.

## ist / war + PARTIZIP + worden

*PERFEKT UND PLUSQUAMPERFEKT PASSIV*

Der Auftrag ist erledigt worden.
Waren die Module nicht schon gestern geliefert worden?

| | | | | | |
|---|---|---|---|---|---|
| SINGULAR | 1. PERSON | ich | bin/war | gefragt | worden |
| | 3. PERSON | er<br>es<br>sie | ist/war | angerufen | worden |
| | 2. PERSON | Sie | sind/waren | eingestellt | worden |
| PLURAL | 3. PERSON | sie | sind/waren | verkürzt | worden |
| | 1. PERSON | wir | sind/waren | erwartet | worden |

**!** Er ist krank geworden.
Er ist angerufen worden.

## um zu + INFINITIV

*FINALSATZ MIT INFINITIV*

Sie werden alles tun, um ein günstiges Angebot zu bekommen.
Um die Sache zum Abschluß zu bringen, bin ich mit 4 % einverstanden.
Herr Lang rief Frau Maiwald, um die Personalsituation zu diskutieren.

Ich rufe an. → Zweck / Absicht → Ich will Ihnen ein neues Angebot machen.

**Ich rufe an, um Ihnen ein neues Angebot zu machen.**

Herr Klein fuhr nach Wien. → Zweck / Absicht → Er sollte dort mit einem Kunden sprechen.

**Herr Klein fuhr nach Wien, um dort mit einem Kunden zu sprechen.**

*Bilden Sie Finalsätze mit* ***um ... zu****!*

Die Fa. Sturm hatte um ein Gespräch mit Herrn Klein gebeten. – Sie wollte eine neue Prägemaschine bestellen.
Nach seiner Rückkehr ging Herr Klein zu seinem Chef. – Er sollte ihm über seine Reise berichten.
Herr Lang rief sofort den Produktionsleiter an. – Mit ihm wollte er über das Problem der Lieferfrist sprechen.
Herr Spät bat seine Mitarbeiterin um die Bestellnummer. – Er wollte das Steuerungsmodul beim Auslieferungslager der Fa. Siemens bestellen.
Dann rief er den Werkstattleiter. – Er wollte mit ihm den Fertigungsplan besprechen.
Am nächsten Tag erwartete Herr Lang den Vertriebsleiter für die Benelux-Länder. – Bei ihm wollte er sich über Umsatz- und Vertriebsprobleme informieren.
Außerdem führte er ein Telefonat mit Herrn Mitter. – Er wollte sich nach den Lösungsmöglichkeiten für das Problem mit der M-CC-1 erkundigen.
Herr Spät kam zu Herrn Lang. – Er sollte ihm eine Aufstellung des zusätzlichen Personalbedarfs bringen.
Es sollte ein zusätzlicher Ingenieur eingestellt werden. – Dieser sollte Herrn Baumann ersetzen.
Herr Baumann hatte vor kurzem gekündigt. – Er wollte zu einer anderen Firma gehen.

## um … zu + INFINITIV ↔ damit-SATZ

*FINALITÄT: INFINITIVSATZ ODER damit-SATZ*

Lassen Sie den Motor nicht zu schnell laufen, damit die Folie nicht heiß wird.
Herr Spät sprach mit den Mitarbeitern, damit sie Überstunden machen.

Die Montagearbeiter machen Überstunden. → Zweck / Absicht → Die M-CC-1 soll früher fertig werden.

Die Montagearbeiter ≠ Die M-CC-1

*zwei verschiedene Subjekte → damit-Satz*

Die Montagearbeiter machen Überstunden, damit die M-CC-1 früher fertig wird.

Der Chauffeur fuhr zum Flughafen. → Zweck / Absicht → Der Chauffeur sollte Herrn van Beeken abholen.

Der Chauffeur = Der Chauffeur

*dasselbe Subjekt → Infinitivsatz*

Der Chauffeur fuhr zum Flughafen, um Herrn van Beeken abzuholen.

Frau Haber ging zu Herrn Klein. → Zweck / Absicht → Herr Klein sollte zum Chef kommen.

Frau Haber ≠ Herr Klein

*zwei verschiedene Subjekte → damit-Satz*

*Formen Sie um!*

Frau Maiwald und Herr Spät trafen sich. – Sie sollten den Ausschreibungstext entwerfen.
Frau Maiwald und Herr Spät trafen sich, um den Ausschreibungstext zu entwerfen.

Frau Hellmann suchte die Bestellnummer heraus. – Herr Spät wollte das Steuerungsmodul bestellen.
Frau Hellmann suchte die Bestellnummer heraus, damit Herr Spät das Steuerungsmodul bestellen konnte.

Wer soll mit den Mitarbeitern in der Montage reden? – Sie sollen Überstunden machen.
Herr Klein ging zum Chef. – Er sollte über seine Reise nach Wien berichten.
Herr Klein sprach mit Herrn Spät. – Die Firma Lang wollte ein gutes Angebot machen.
Herr Spät setzte sich mit dem Auslieferungslager in Verbindung. – Er wollte das Modul bestellen.
Herr Lang griff zum Telefon. – Er wollte Herrn Spät anrufen.
Dann trafen sich Herr Klein und Herr Spät. Sie wollten den Preis und die Lieferbedingungen besprechen.
Am Abend fuhr Herr Lang ins Hotel Forsthaus. – Er wollte mit Herrn van Beeken zu Abend essen.

!

**Die Geschäftsleitung rief Frau Maiwald, damit sie einen Vorschlag macht.**
= Frau Maiwald sollte einen Vorschlag machen.

**Die Geschäftsleitung rief Frau Maiwald, um einen Vorschlag zu machen.**
= Die Geschäftsleitung wollte einen Vorschlag machen.

*Erzählen Sie die Geschichte (auf Seite 6) aus der Sicht von Herrn Lang, von Herrn Klein, von Herrn Spät oder von Frau Maiwald!*

Am Mittag kam mein Außendienstmitarbeiter, Herr Klein, zu mir und berichtete über das Ergebnis seiner Reise nach Wien. Die Firma Sturm, ein langjähriger Kunde, wollte eine neue Maschine bestellen, aber . . .

Herr Lang rief mich an, um mit mir die Personalsituation zu besprechen. Es gab Engpässe in der Montage. Außerdem hatte ein Ingenieur gekündigt. . . .

Am Nachmittag rief mich Herr Lang, der Firmenchef, an und fragte mich nach der Produktionszeit für die M-CC-1. Ich schätzte sie auf acht Wochen. Aber im Augenblick war kein Steuerungsmodul auf Lager und außerdem gab es Engpässe in der Montage. Ich schlug daher vor, . . .

Nachdem ich aus Wien zurückgekehrt war, ging ich gleich in mein Büro. Da sah mich Frau Haber, die Sekretärin unseres Chefs, und bat mich, gleich zu ihm zu kommen. Ich ging also zu Herrn Lang und berichtete ihm über die Ergebnisse meiner Reise nach Wien. Die Firma Sturm wollte . . .

*Berichten Sie über ein Ereignis in Ihrem Leben! (z. B. Sie mußten trotz großer Belastung noch eine zusätzliche Aufgabe lösen.)*

# Stellenanzeigen

Die „Süddeutsche Zeitung" ist eine bekannte Tageszeitung. Sie erscheint in München. Hier sehen wir das Titelblatt.

Die Zeitung besteht aus vielen verschiedenen Teilen, dem politischen Teil, dem Sportteil, dem Lokalteil, den Anzeigenteilen usw.

Der Anzeigenteil enthält auch die Stellenangebote. Wenn eine Firma neue Mitarbeiter sucht, kann sie hier eine Anzeige aufgeben. Wie wir wissen, sucht auch die Firma Lang neue Mitarbeiter.

Was gehört in eine Stellenanzeige?
Worauf achten Sie, wenn Sie eine Stellenanzeige lesen?

**LANG**
**PRÄGEMASCHINEN**

LANG

**Maschinenbau-Ingenieur**
**für die Konstruktions-Abteilung**

**EINE CHANCE FÜR ABSOLVENTEN**

**INTERESSANTE AUFGABEN**

**Wir sind** das führende Unternehmen für Prägemaschinen und Prägefolien mit internationalen Geschäftsverbindungen.

**Wir suchen** Maschinenbau-Ingenieure (FH) mit Kenntnissen in Automatisierung und Anwendung von CAD. Das Aufgabengebiet umfaßt Projektierung und Konstruktion von Spezialmaschinen und -werkzeugen.

**Wir erwarten** Kenntnisse in modernen Produktionsverfahren und EDV-Kenntnisse. Wegen unserer internationalen Geschäftsverbindungen sind Fremdsprachenkenntnisse unerläßlich.

**Wir bieten** interessante Aufgaben, leistungsgerechte Dotierung und alle Sozialleistungen von modernen Unternehmen.

Ihre schriftliche Bewerbung mit Lichtbild erbitten wir an unsere Personalabteilung.

KONRAD LANG GMBH
Postfach
90763 FÜRTH

Wie ist die Anzeige der Fa. Lang aufgebaut? *Vergleichen Sie sie mit anderen Anzeigen!*

*Hören Sie den Kommentar eines Zeitungslesers!*

Was ist der Leser von Beruf?
Welche Qualifikation hat er?
Was für eine Stelle sucht er?

**Linde**

**Linde – ein internationales Unternehmen, tätig auf den Arbeitsgebieten Anlagenbau, Fördertechnik, Kältetechnik und Technische Gase. Mit rund 30 000 Mitarbeitern erzielte Linde 1993 weltweit einen Umsatz von etwa 7,2 Mrd. DM.**

**Die Werksgruppe Verfahrenstechnik und Anlagenbau als eines der führenden Ingenieurunternehmen plant und baut Prozeßanlagen für die Chemie und die Petrochemie, für Raffinerien und Düngemittelfabriken, zur Erdgasbehandlung und Industriegaserzeugung sowie für die Kryotechnik und für den Umweltschutz.**

Die Werksgruppe Verfahrenstechnik und Anlagenbau Zentrale Ingenieurtechnik sucht

## Bauingenieure

der Fachrichtung Stahlbau, Stahlbetonbau, Hochbau für interessante Aufgaben im internationalen Anlagenbau.

In unserer Bauabteilung befassen wir uns mit der Projektierung, Planung, Koordination und Bauleitung, gelegentlich auch im Auslandseinsatz.
Es erwarten Sie abwechslungsreiche und verantwortungsvolle Aufgaben im Rahmen der Angebotsbearbeitung, Entwurfsplanung, Abwicklung der Projekte in Zusammenarbeit mit Kunden und Ingenieurbüros sowie der Termin- und Kostenkontrolle. Sie haben auch die Möglichkeit, sich im Bauleitungsteam für den Fachbereich Bau/Stahlbau zu profilieren.
Wir erwarten fundiertes Fachwissen, einen guten Studienabschluß, englische Sprachkenntnisse und betrachten auch einige Jahre Berufserfahrung in Ingenieurbüros oder Baufirmen als vorteilhaft.
Mit Initiative, Kreativität und Engagement arbeiten Sie im Team zusammen mit anderen Fachabteilungen an optimalen Lösungen für unsere Neuanlagen.
Die Planung stützt sich auf ein modernes integriertes CAD-System. Wir bieten Ihnen eine gründliche Einarbeitung, gute Entwicklungsmöglichkeiten und legen Wert auf eine langfristige Zusammenarbeit.

Linde liegt verkehrsgünstig am südlichen Stadtrand Münchens. Die gleitende Arbeitszeit macht Sie beweglich. Arbeitsbedingungen und Sozialleistungen stimmen. Ihre vollständigen Bewerbungsunterlagen richten Sie bitte an:

**Linde AG**
**Werksgruppe Verfahrenstechnik und Anlagenbau**
**Personalabteilung**
**82049 Höllriegelskreuth**
**Tel. (0 89) 74 45 22 51**
**Herr Emslander**

VA 3493

## IHRE ZUKUNFT LIEGT AUF UNSEREM WEG

**Die Knorr-Bremse:**

- mehr als 80 Jahre Firmengeschichte
- weltweit tätiger Konzern mit über 6000 Mitarbeitern
- Systeme und Komponenten für Schienen-, Nutzfahrzeugbremsen, Gieß- und Schwingungstechnik
- über 1 Mrd. DM Jahresumsatz
- Hochtechnologie in Entwicklung und Fertigung
- umfassende interne Aus- und Weiterbildung

Für unseren Bereich **Kundenauftragszentrum** der KNORR-BREMSE Systeme für Schienenfahrzeuge GmbH suchen wir einen

# PROJEKTSTEUERER (m/w)

Ihre Aufgabe ist das Betreuen von Kundenaufträgen und Projekten, von der Vorplanung über die Auftragserfassung, Terminierung, Terminverfolgung bis zur Auslieferung der Ware.
Für dieses Aufgabengebiet stellen wir uns einen teamfähigen Dipl.-Betriebswirt (FH) mit Erfahrung im technischen Bereich oder einen Dipl.-Wirtschafts-Ing. (FH) vor, wobei einschlägige Berufserfahrung das Studium ersetzen kann.
Außerdem verfügen Sie über EDV-Kenntnisse sowie über Erfahrung im Projektgeschäft, in der Produktionsplanung und -steuerung.

Richten Sie bitte Ihre Bewerbung mit vollständigen Unterlagen an unsere Personalabteilung. Ihr Ansprechpartner ist Frau Ellmaier, Telefon 089/3547-2345.

KNORR-BREMSE Systeme für Schienenfahrzeuge GmbH
Personalwesen E/PT
Moosacher Straße 8
80809 München

**KNORR-BREMSE AG**

Wir zählen zu den großen Bauunternehmungen Deutschlands und beschäftigen 7.800 Mitarbeiter in 28 Niederlassungen im In- und Ausland.
Wir planen und übernehmen Bauausführungen auf allen Gebieten des Ingenieurbaus.
Unsere Niederlassung in Augsburg sucht für die Bauleitung in den Bereichen
**ROHBAU** und **SCHLÜSSELFERTIGES BAUEN**

## Bauleiter/innen (FH/TH)

Wir bieten Ihnen neben einer leistungsgerechten Bezahlung einen mit EDV modern ausgestatteten Arbeitsplatz und eine berufliche Perspektive.
Sie bringen Engagement sowie Aufgeschlossenheit mit und sind motiviert, selbständig und eigenverantwortlich zu arbeiten.
Berufsanfängern geben wir im Rahmen eines Trainee-Programmes die Chance zur gründlichen Einarbeitung.
**Wenn Sie diese abwechslungsreiche und herausfordernde in einem jungen, engagierten Team anspricht, senden Sie uns Ihre Bewerbungsunterlagen.**

WAYSS & FREYTAG

**Wayss & Freytag AG**
Niederlassung Augsburg
Hochfeldstraße 2
86159 Augsburg
Tel. 08 21 / 5 02 53 - 0

**Sanacorp**

Die Sanacorp eG ist eine pharmazeutische Großhandelsunternehmung mit dem Sitz der Hauptverwaltung am westlichen Stadtrand von München und 14 Niederlassungen im gesamten Bundesgebiet. Als Apothekergenossenschaft leisten wir täglich einen wichtigen Beitrag für eine zuverlässige Arzneimittelversorgung und damit für die Gesundheit der Bevölkerung.

Zum nächstmöglichen Termin suchen wir eine/n

## Anwendungsentwickler/in

**Entwicklungsumgebung:**
Wir arbeiten derzeit mit einem Rechner IBM ES 9121/260 unter den Betriebssystemen VM/ESA-VSE/ESA und CICS. Als Programmiersprachen sind PL/1 und Assembler im Einsatz. Die Datenhaltung unserer operativen Systeme ist VSAM, im dispositiven Bereich arbeiten wir mit SQL/DS. Ab diesem Jahr setzen wir als Programmiersprache NATURAL mit der dazugehörigen Entwicklungsumgebung auf HOST und Entwicklungs-PC's ein. Damit wollen wir unseren Weg in die Client/-Server-Technologie gehen. Dafür suchen wir eine/n Mitarbeiter/in, die/der unsere junge, engagierte Abteilung verstärkt.

**Ihr Profil:**
Sie sind ausgebildet im Organisieren und Programmieren und imstande, Projekte methodisch sauber nach dem Phasenkonzept abzuwickeln. Gegenüber neuen Entwicklungsmethoden und -tools sind Sie aufgeschlossen. Es ist Ihnen bewußt, daß erfolgreiche Arbeit nur im Team möglich ist. Wünschenswert wären Kenntnisse in UNIX, den Programmiersprachen C, COBOL, NATURAL und relationalen DBMS.

Es erwartet Sie ein abwechslungsreicher, zukunftsorientierter Arbeitsplatz. Leistungsgerechte Bezahlung sowie ein ausgewogenes Aus- und Weiterbildungsangebot können Sie voraussetzen.

Machen Sie 1994 zu Ihrem Erfolgsjahr! Werden Sie Mitarbeiter/in bei der Sanacorp eG!
Bitte senden Sie Ihre ausführlichen Bewerbungsunterlagen an unsere Personalabteilung.

**Sanacorp eG**
Pharmazeutische Großhandlung
zu Hd. Frau Maidl,
Semmelweisstraße 4, 82152 Planegg

# PFEIFER

**Seiltragwerke für Brücken, Sportstätten und Hallen – ein Beitrag zur modernen Architektur**

Zur Verstärkung unseres Teams suchen wir für die Angebotsbearbeitung internationaler Seilbauprojekte eine/n

## Bauingenieur/in (FH)

Voraussetzung ist der Studienabschluß Bauingenieurwesen an einer FH. Mindestens drei Jahre Berufspraxis in Bauleitung oder Kalkulation von vorzugsweise Stahlbauprojekten sehen wir als eine gute Voraussetzung für diese selbständige und verantwortungsvolle Tätigkeit.

Ein dynamischer, kontaktfreudiger Mitarbeiter hat in dieser Position die Möglichkeit, über seine bisherigen beruflichen Erfahrungen hinaus, spezielle Kenntnisse im Bauen mit Drahtseilen zu erwerben. Für die internationalen Kontakte sind englische Sprachkenntnisse erforderlich.

Memmingen ist ein attraktiver Standort im Allgäu mit allen Schulen und hohem Freizeitwert. Neben einer angemessenen Vergütung und einem guten Betriebsklima bieten wir alle tariflichen Vorteile der Metallindustrie.

Wenn Sie sich für diese Aufgabe interessieren, würden wir Sie gerne kennenlernen. Für einen telefonischen Erstkontakt steht Ihnen unser Personalleiter Herr Arndt, unter 08331-14239 zur Verfügung.

**PFEIFER SEIL- UND HEBETECHNIK GmbH & Co**
**Dr.-Karl-Lenz-Straße 66 · 87700 Memmingen · Telefon 08331-14239**

Wir sind als Unternehmen der Rudolf-Wild-Firmengruppe international erfolgreich tätig. Unser Programm umfaßt die Entwicklung und Konstruktion sowie die Installation von kompletten Verpackungslinien. Auf dem Sektor Technik- und Verpackungsweiterentwicklung betreuen wir unsere Franchise-Partner weltweit. Projektmanagement und Training in Engineering/Manufacturing gehören ebenfalls zu unseren Pflichten.

Um dieses Aufgabenspektrum effektiver bewältigen zu können, benötigen wir Ihre Unterstützung als

## Diplom-Ingenieur

Sie führen bei uns ein kleines Team von Ingenieuren, Meistern und Facharbeitern. Schlüsselaufgaben sind neben dem Konstruktionsbereich die Team-Weiterentwicklung und die Sicherung unserer Kompetenz auf unserem Fachgebiet. Sie sollten deshalb neben guten Konstruktionskenntnissen bereits über entsprechende Führungserfahrung verfügen. Organisationstalent und Flexibilität erleichtern Ihnen Ihre verantwortungsvolle Aufgabe. Da Sie sich auch international bewähren müssen, sind gute Englischkenntnisse erforderlich.

Wir bieten Ihnen die Möglichkeit, in einem expansiven Unternehmen Führungsverantwortung zu übernehmen und an einem kontinuierlichen Prozeß der Weiterentwicklung mitzuwirken. Wenn Sie diese berufliche Herausforderung annehmen möchten, sollten Sie mit uns Kontakt aufnehmen. Bitte senden Sie Ihre Bewerbung an:

**INDAG**

INDAG Gesellschaft für Industriebedarf mbH & Co. Betriebs KG
z. H. Frau Christel Gerling
**Postfach 10 30 23, 69020 Heidelberg**
**Telefon 0 62 21/7 99-2 58**

**Projektmanagement**
**Bauwesen**

Als Tochtergesellschaft der Investa Projektentwicklungs- und Verwaltungs GmbH übernehmen wir das technische und wirtschaftliche Projektmanagement (Projektsteuerung, Baubetreuung) für anspruchsvolle Objekte in wirtschaftlichen Zentren.
Zur Mitarbeit in unserem kleinen, hochspezialisierten Team suchen wir erfahrene Ingenieure zur **Projektleitung**
sowie junge Ingenieure als **Projektleitungs-Assistenten**
Bevorzugt werden Bewerber mit interdisziplinärer Ausbildung bzw. Erfahrung (Technik und Wirtschaft). Die Dotierung entspricht den gestellten Anforderungen.
Bei Interesse bitten wir um Übersendung von aussagefähigen Bewerbungsunterlagen an:

**INVESTA INGENIEURGESELLSCHAFT FÜR DAS BAUWESEN MBH**
Maria-Theresia-Straße 30, 81675 München
Telefon 99 80 1-0, Telefax 98 16 03

*Schauen Sie sich die Stellenanzeigen an, und stellen Sie folgende Angaben zusammen:*

1. Zu welchem Wirtschaftszweig gehört das Unternehmen?
2. Welche Funktion soll der künftige Stelleninhaber ausüben?
3. Welche Voraussetzungen sollen erfüllt sein?

*Fertigen Sie eine Tabelle an!*
*Füllen Sie zunächst die Spalten 1 und 2 aus!*

| 1 | 2 | 3 | 4 | 5 |
|---|---|---|---|---|
| Firma (Name) | Stelle (Funktion, Tätigkeit) | Branche (Wirtschaftszweig) | Unternehmens-form | Sonstige Angaben |
| | | | | |

# Wirtschaftszweige

Welche Handwerksberufe kennen Sie? (z. B. Bäcker, Dachdecker, Friseur . . .)
Welche Industriezweige? (z. B. Bauindustrie, Bergbau . . .)
Welche Arten von Banken? (z. B. Staatsbanken, Privatbanken . . .)
Welche Verkehrsbereiche? (z. B. Schienenverkehr . . .)
Welche freien Berufe? (z. B. Anwälte, Architekten . . .)

*Füllen Sie nun die Spalte 3 der Tabelle aus!*

Was für eine Stelle möchten Sie einmal bekommen?
*Entwerfen Sie eine Stellenanzeige dafür!*

Was für eine Stelle hat Ihr(e) Partner(in)?
*Fragen Sie ihn/sie, und entwerfen Sie eine Stellenanzeige für seine(n)/ihre(n) Nachfolger(in)!*

# Unternehmensformen

*Füllen Sie nun die Spalte 4 aus!*
Welche Unternehmensformen kommen vor?
Was bedeuten die Abkürzungen?

Wir haben bei den Anzeigen gesehen, daß viele Unternehmen Mitarbeiter über eine Stellenanzeige in der Zeitung suchen. Die meisten dieser Unternehmen haben die Rechtsform einer GmbH. Aber es gibt noch andere Unternehmensformen. Welche kennen Sie?

Man unterscheidet zwischen Einzelunternehmen und Gesellschaften. Bei den Gesellschaften unterscheidet man wiederum zwischen Personengesellschaften und Kapitalgesellschaften.

Die klassische Form einer Personengesellschaft ist die OHG (= Offene Handelsgesellschaft).

Zu den bekanntesten Kapitalgesellschaften gehören die AG (= Aktiengesellschaft) und die GmbH (= Gesellschaft mit beschränkter Haftung).

Mischformen sind die Stille Gesellschaft und die KG (= Kommanditgesellschaft).

Eine Sonderform ist die KGaA (= KG auf Aktien).

Ferner gehören zu den Unternehmensformen auch die eG (= eingetragene Genossenschaft), der e. V. (= eingetragener Verein) und der VVaG (= Versicherungsverein auf Gegenseitigkeit).

**Einzelunternehmen:**

Eine einzelne Person betreibt ein Unternehmen.

**Gesellschaften:**

Mehrere Personen schließen sich zusammen, um ein Unternehmen zu betreiben. Man nennt sie ‚Gesellschafter'.

**Personengesellschaften:**

Die Gesellschafter haften persönlich mit ihrem gesamten Vermögen.

**Kapitalgesellschaften:**

Die Gesellschafter haften nur mit dem eingezahlten Kapital.

**Mischformen:**

Mindestens ein Gesellschafter haftet persönlich, mindestens ein weiterer nur mit dem eingezahlten Kapital.

**Genossenschaften:**

Die Mitglieder haften nur mit ihrer Einlage. Die Höhe der Einlage ist begrenzt.

**Vereine:**

Zusammenschluß von Personen für ideelle Zwecke (d. h. ohne Gewinnabsicht). Die Mitglieder haben keinen Anteil am Vereinsvermögen.

Diese verschiedenen Unternehmensformen unterscheiden sich voneinander durch verschiedene Merkmale.

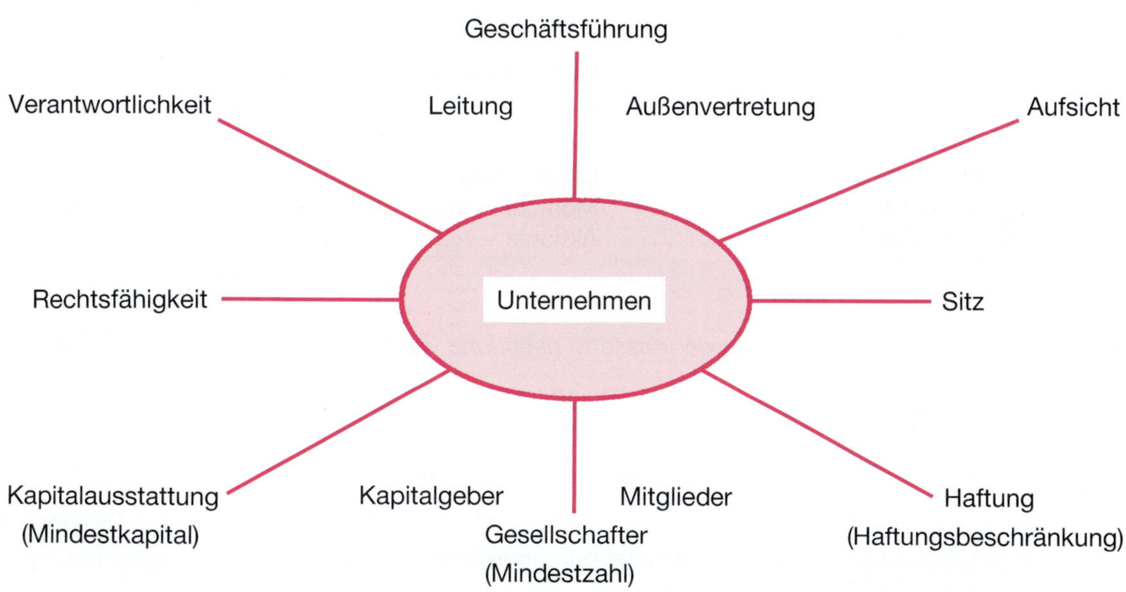


Welche Unternehmensformen entsprechen denen in Ihrem Land?
Worin bestehen Unterschiede?

*Sie hören jetzt vier kurze Aussagen von Unternehmern.*
*Raten Sie ihnen zu einer Unternehmensform! Begründen Sie Ihren Ratschlag!*

Welche Unternehmensform halten Sie für geeignet?

Im Fall 1 ______, 2 ______, 3 ______ und 4 ______

*Begründen Sie Ihre Entscheidung!*

## g → k, d → t, b → p, v → f, g → ch, r → -

AUSLAUTVERÄNDERUNG BEI ADJEKTIVEN

*Sprechen Sie nach!*

kluge – klug
gelbe – gelb
farblose – farblos
sichere – sicher

milde – mild
informative – informativ
gültige – gültig
runde – rund

*Lesen Sie!*

kurzfristig, lohnend, trüb, naiv, früher, gültig, bedeutend, aggressiv, dubios, größer, wichtig, leer

## g → k, d → t, b → p, v → f, g → ch, r → -

AUSLAUTVERÄNDERUNG BEI SUBSTANTIVEN

*Sprechen Sie nach!*

Pfennig – Pfennige
Tag – Tage
Grund – Gründe
Geld – Gelder
Auftrieb – Auftriebe
Motiv – Motive
Kurs – Kurse
Preis – Preise
Tier – Tiere
Verkäufer – Verkäuferin
Kultur – Kulturen
Papier – Papiere

König – Könige
Weg – Wege
Kind – Kinder
Anschub – Anschübe
Haus – Häuser
Tür – Türen
Lager – Lagerist
Monteur – Monteure
Aktionär – Aktionäre

*Sprechen Sie die Wörter von der Kassette nach, und wiederholen Sie sie dann ohne die Endung!*

*Ergänzen Sie die Adjektivendungen! Begründen Sie Ihre Lösung!*

Die Gesellschaft mit beschränkt ___ Haftung ist eine juristisch ___ Person. Die Gesellschafter haften nur mit dem eingebracht ___ Kapital (Stammeinlage). Das Mindeststammkapital beträgt DM 50.000 und kann in Anteilen von mindestens DM 500 von den beteiligt ___ Gesellschaftern gezeichnet ___ werden. Die GmbH ist aus folgend ___ Gründen eine der häufigst ___ Rechtsformen:

– Die Gründung ist mit gering ___ Kapitalaufwand möglich.
– Die Gesellschafter haben weitgehend ___ Mitverwaltungsrecht.
– Die Haftung ist auf die gezeichnet ___ Stammeinlage beschränkt.
– Es besteht keine Pflicht zur Bildung gesetzlich ___ Rücklagen wie bei der AG.

Die Aktiengesellschaft hat ihren Ursprung im vergangen ___ Jahrhundert. Mit zunehmend ___ Industrialisierung war der Kapitalbedarf stark ___ gestiegen. Die relativ klein ___ Stückelung der Kapitalbeteiligung (Aktie) und das damit verbunden ___ gering ___ Risiko ließ die Zahl der Kapitaleigner schnell ___ wachsen. Auch heute noch ist die AG die üblich ___ Form für Großunternehmen der Industrie, des Handels und der Banken. Alle diese Unternehmen haben einen hoh ___ Kapitalbedarf.

-r, -s, -e, -n, -m
-e, -en

ADJEKTIVENDUNGEN (WIEDERHOLUNG)

*Formulieren Sie die Regel für die Adjektivendung! Achten Sie dabei auf die farbigen Markierungen!*

| M | N | F | P | | M | N | F | P |
|---|---|---|---|---|---|---|---|---|
| -r | -s | -e | -e | NOM | -e | -e | -e | -en |
| -n | -s | -e | -e | AKK | -en | -e | -e | -en |
| -m | -m | -r | -n | DAT | -en | -en | -en | -en |
| -s | -s | -r | -r | GEN | -en | -en | -en | -en |

*1. starke Endungen (Kasusmarkierung)* — *2. schwache Endungen*

| MASKULIN | | NEUTRUM |
|---|---|---|
| der fähige Mitarbeiter<br>kein sicherer Arbeitsplatz<br>unlauterer Wettbewerb | NOM | welches teure Gerät<br>ihr günstiges Angebot<br>gründliches Studium |
| diesen neuen Plan<br>meinen blauen Ordner<br>ohne festen Vertrag | AKK | das bekannte Problem<br>kein sicheres Merkmal<br>durch schnelles Verbot |
| jedem neuen Chef<br>unserem früher enVorsitzend en<br>mit eigenem Kundendienst | DAT | an diesem selbständigen Unternehmen<br>einem interessanten Buch<br>in hohem Maß |
| des interessierten Kunden<br>unseres richtigen Beschlusses<br>trotz niedrigen Preises | GEN | jedes alten Telefons<br>eueres jetzigen Programms<br>wegen schlechten Benehmens |

| FEMININ | | PLURAL |
|---|---|---|
| diese bekannte Firma<br>deine hohe Leistung<br>gute Fahrt | NOM | die verschiedenen Unterlagen<br>seine überzeugenden Argumente<br>langlebige Materialien |
| welche dünne Folie<br>eine richtige Entscheidung<br>ohne jede Möglichkeit | AKK | jene vermeidbaren Schwierigkeiten<br>durch alle schwierigen Versuche<br>gründliche Kenntnisse |
| in der jetzigen Situation<br>einer praktischen Lampe<br>mit beschränkter Haftung | DAT | aus welchen stabilen Ländern<br>keinen größeren Betrieben<br>mit freundlichen Grüßen |
| dieser zuverlässigen Angestellten<br>unserer deutschen Filiale<br>statt langer Überlegung | GEN | aller guten Dinge<br>meiner intensiven Bemühungen wegen<br>während kurzer Pausen |

# Das Arbeitszeugnis

Herr Baumann hat gekündigt. Jetzt verlangt er von seinem Arbeitgeber ein Arbeitszeugnis.

LANG
PRÄGEMASCHINEN

**Zeugnis**

Herr Dieter Baumann, geb. am 12. Februar 1954, war von Oktober 1981 bis März 1992 als Ingenieur in der Konstruktion unserer Abteilung Prägemaschinen tätig.

Als Maschinenbau-Ingenieur hat Herr Baumann maßgeblich bei der Entwicklung neuer Präge- und Abrollmaschinen mitgewirkt. Ihm wurden mehrere Aufgaben im Bereich der Entwicklung von Spezialmaschinen bis zur Serienreife übertragen. Diese Aufgaben hat er stets gewissenhaft und zu unserer vollsten Zufriedenheit ausgeführt. Im Team unseres Konstruktionsbüros war er wegen seiner umfassenden Kenntnisse und seines kooperativen Arbeitsstils ein geachteter und allseits beliebter Kollege. Einzelne Aufgaben, wie z. B. die Projektierung und Entwicklung unserer neuen Spezialmaschine M-CC-1, hat er weitgehend selbständig übernommen.

Dabei kamen ihm seine fundierten Kenntnisse in Automation und modernen Produktionsverfahren zugute. Auch seine Kenntnisse in EDV, vor allem die Anwendung von CAD, sind beachtlich. In vielen Einzelfällen hat er die Geschäftsführung in diesen Bereichen kompetent und zum Vorteil des Unternehmens beraten.

Seine sorgfältige und präzise Detailarbeit haben mit zu dem hohen Gebrauchswert unserer neuen Maschinen beigetragen. Auch die Arbeiten bei der Anpassung unserer älteren Maschinen an neue Codierfolien war in wesentlichen Teilen von ihm mitgetragen worden. Die Ergebnisse seiner Arbeiten in unterschiedlichen Bereichen der Konstruktion haben unsere volle Anerkennung gefunden.

Abschließend möchten wir noch seine guten Fremdsprachenkenntnisse hervorheben, die er während einer zehnmonatigen Tätigkeit in unserem Tochterunternehmen in den USA anwenden konnte.

Herr Baumann verläßt seine Stelle auf eigenen Wunsch, um sich in einer anderen Branche zu betätigen. Wir bedauern sein Ausscheiden aus unserem Unternehmen und wünschen ihm für seinen weiteren beruflichen Werdegang alles Gute.

KONRAD LANG GMBH

P. Lang

Peter Lang
- Geschäftsführer -

Welche positiven Aussagen werden über die Qualifikation von Herrn Baumann gemacht?
*Markieren Sie diese Aussagen im Text!*

### Was steht in einem Arbeitszeugnis?

Jeder Arbeitnehmer in Deutschland hat bei Beendigung des Arbeitsverhältnisses Anspruch auf ein Zeugnis. Darin darf nach dem Arbeitsrecht nichts Schädigendes stehen. Andererseits aber hat der Bundesgerichtshof entschieden: „Wenn ein ungetreuer Buchhalter auch den neuen Arbeitgeber hereinlegt, muß der frühere den Schaden ersetzen, wenn er ein gutes Zeugnis ausgestellt hat." Aus diesem Grund haben die Personalchefs ihre ‚Geheimsprache' vereinbart. Diese ändert sich auch im Laufe der Zeit.

## Die ‚Geheimsprache' der Chefs in Zeugnissen

Das schreiben sie:

1. Sie/Er hat die ihr/ihm übertragenen Arbeiten stets zu unserer vollsten Zufriedenheit erledigt.
2. Sie/Er hat die ihr/ihm übertragenen Arbeiten stets zu unserer vollen Zufriedenheit erledigt.
3. Sie/Er hat die ihr/ihm übertragenen Arbeiten zu unserer Zufriedenheit erledigt.
4. Sie/Er hat die ihr/ihm übertragenen Arbeiten im großen und ganzen zu unserer Zufriedenheit erledigt.
5. Sie/Er hat sich bemüht, die ihr/ihm übertragenen Arbeiten zu unserer Zufriedenheit zu erledigen.
6. Sie/Er hat alle Arbeiten ordnungsgemäß erledigt.
7. Mit ihren/seinen Vorgesetzten ist sie/er gut zurechtgekommen.
8. Sie/Er war sehr tüchtig und wußte sich gut zu verkaufen.
9. Wegen ihrer/seiner Pünktlichkeit war sie/er stets ein gutes Vorbild.
10. Wir haben uns im gegenseitigen Einvernehmen getrennt.
11. Sie/Er bemühte sich, ihren/seinen Aufgaben gerecht zu werden.
12. Sie/Er hat sich im Rahmen ihrer/seiner Fähigkeiten eingesetzt.
13. Alle Arbeiten erledigte sie/er mit großem Fleiß und Interesse.
14. Sie/Er zeigte für ihre/seine Arbeit Verständnis.
15. Wir lernten sie/ihn als umgängliche(n) Kollegin/Kollegen kennen.
16. Sie/Er ist ein(e) zuverlässige(r)/gewissenhafte(r) Mitarbeiter(in).
17. Durch ihre/seine Geselligkeit trug sie/er zur Verbesserung des Betriebsklimas bei.

Und was meinen sie?

*Versuchen Sie herauszufinden, was mit der obigen Formulierung gemeint ist!*
Wählen Sie unter diesen Möglichkeiten:

A. Gute Leistungen
B. Mangelhafte Leistungen
C. Sie/Er ist ein Bürokrat, der keine Initiative entwickelt.
D. Sie/Er war in jeder Hinsicht eine Niete.
E. Sie/Er hat getan, was sie/er konnte, aber das war nicht viel.
F. Viele Mitarbeiter sahen sie/ihn lieber von hinten als von vorn.
G. Sie/Er neigt zu übertriebenem Alkoholgenuß.
H. Unzureichende Leistungen
I. Sie/Er war eifrig, aber nicht besonders tüchtig.
J. Sie/Er war faul und hat nichts geleistet.
K. Sehr gute Leistungen
L. Ausreichende Leistungen
M. Sie/Er ist ein Mitläufer, der sich gut anpaßt.
N. Wir haben ihr/ihm gekündigt.
O. Sie/Er hat versagt.
P. Sie/Er ist ein(e) unangenehme(r) Mitarbeiter(in).
Q. Sie/Er ist zur Stelle, wenn man sie/ihn braucht, allerdings ist sie/er nicht immer brauchbar.

Mit welchen Wörtern wird ausgedrückt, daß die Leistungen während des gesamten Beschäftigungsverhältnisses bzw. in allen Tätigkeiten voll erbracht wurden?

Durch welche zusätzlichen Wörter werden die Leistungen besonders hervorgehoben?

Mit welchen Formulierungen werden unzureichende Leistungen markiert?

*Erstellen Sie ein Zeugnis für einen Mitarbeiter! Benutzen Sie dazu auch folgende Formulierungen:*

| | | |
|---|---|---|
| Sie/Er hat unseren Erwartungen | stets<br>in jeder Hinsicht<br>in (aller)bester Weise | entsprochen. |
| Wir waren mit ihren/seinen Leistungen | außerordentlich<br>während des gesamten Arbeitsverhältnisses | zufrieden. |
| Ihre/Seine Leistungen<br>waren<br>haben | | zufriedenstellend.<br>unsere vollste Anerkennung gefunden. |

*Bernd:* Das war reichlich kompliziert. Ulla ist ja zunächst noch in Siegen geblieben, bis Günter die Mittlere Reife hatte. Sein Abi macht er jetzt hier. Er will später an der Aachener TH studieren.

*Rainer:* Und Jürgen?

*Bernd:* Der hatte bereits die Grundschule fertig. Jetzt geht er hier auf die Realschule.

*Rainer:* Und dann seid ihr ganz hierher gezogen?

*Bernd:* Ja, das war im Sommer, in den großen Ferien. Der Urlaub fiel natürlich flach. Wir mußten ja noch das Haus einrichten.

*Rainer:* Dann ist doch alles glattgegangen bei euch.

*Bernd:* Wie man's nimmt. Einige Schwierigkeiten gab es schon; ganz ohne Probleme läuft sowas ja nie. Aber das ist jetzt alles vorbei. – Und du hast es noch vor dir; aber ihr seid ja nur zu dritt.

*Rainer:* Richtig. Aber Marion hat viele Freunde hier, und sie spielt hier im Jugendorchester. Ihr wird es besonders schwerfallen, von hier wegzuziehen.

*Bernd:* Ach, das schafft ihr schon. Sprich mal mit Marion, und mach ihr die Situation klar. Deine Tochter ist doch sehr verständnisvoll.

*Rainer:* Du willst mir wohl Mut machen? Naja, ihr habt ja Erfahrung im Umziehen.

*Bernd:* Wenn du irgendwelche Fragen hast, ruf doch einfach an! Wir helfen euch gern. – Aber plant nicht zu früh! Noch hast du die Stelle ja nicht.

*Rainer:* Richtig, erst muß ich mich bewerben. Hilfst du mir beim Bewerbungsschreiben?

*Bernd:* Ja, natürlich. Gib mir mal die Anzeige, und schick mir deinen Entwurf. Das schau ich mir dann an.

*Rainer:* Danke. Ich setz' mich gleich heut abend hin. Morgen kannst du alles haben.

*Bernd:* Du kannst dich auf mich verlassen. – Du, jetzt muß ich aber gehen.

*Rainer:* Ich auch. Danke! Grüß Ulla von mir, und kommt doch mal abends vorbei!

*Bernd:* Tun wir. Auch Gruß an Gabi. Mach's gut! Tschüs.

*Rainer:* Tschüs.

*INTONATION*

Hör mal, Bernd. Ich hab' da eine Anzeige in der Süddeutschen gesehen.

Ich dachte, das wär was für mich. Was hältst du davon?

Wenn ich weiterkommmen will, dann muß ich mich umsehen. Mit Gabi habe ich schon gesprochen.

Du willst mir wohl Mut machen? Das finde ich schön von dir. Und ich danke dir auch für deine Ratschläge.

Ihr habt ja Erfahrung im Umziehen.

*Lesen Sie nun das Gespräch mit Ihrem/Ihrer Partner(in)!*

1. Wo will Rainer Stolz arbeiten? Wo arbeitet er jetzt?
2. Warum hat er keine guten Aufstiegsmöglichkeiten bei seiner jetzigen Arbeitsstelle?
3. Wo hat Bernd Brenner früher gearbeitet? Welche Probleme hatte er beim Umzug nach Hannover?
4. Wie verhält sich Bernd Brenner während des Gesprächs? (Ist er skeptisch? Hält er die Bewerbung für aussichtsreich? Rät er seinem Freund ab? Will er ihm helfen?)

Haben Sie sich schon einmal um eine neue Stelle beworben?
Mußten Sie dabei umziehen?
Hatten Sie dabei Probleme? (Welche? Warum/Warum nicht?)

## du, ihr

*PERSONAL- UND REFLEXIVPRONOMEN FÜR FAMILIÄRE ANREDE*

Ich danke dir.
Du kannst dich auf mich verlassen.
Ihr habt ja Erfahrung.
Bei euch ist alles glatt gegangen.

| | NOMINATIV | AKKUSATIV | DATIV |
|---|---|---|---|
| SINGULAR | **du** | **dich** | **dir** |
| PLURAL | **ihr** | **euch** | **euch** |

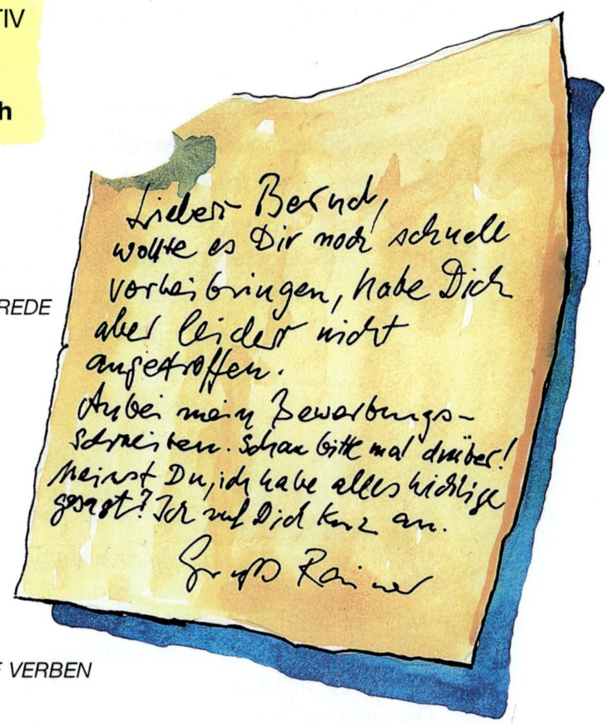


## dein, euer

*POSSESSIVARTIKEL FÜR FAMILIÄRE ANREDE*

Ich danke dir für deine Ratschläge.
Wie war es mit euren Kindern?
Was ist mit deiner Tochter?

## -(e)st, -(e)test<br>-(e)t, -(e)tet

*FAMILIÄRE ANREDE – SCHWACHE VERBEN*

Du machst mir Mut.
Seit wann dachtest du an einen neuen Arbeitsplatz?
Sagtet ihr nicht, daß ihr noch hier bleiben wolltet?

| | | PRÄSENS | PRÄTERITUM |
|---|---|---|---|
| SINGULAR | du | sag**st** | sag**test** |
| | | wart**est** | wart**etest** |
| | | denk**st** | dach**test** |
| PLURAL | ihr | sag**t** | sag**tet** |
| | | wart**et** | wart**etet** |
| | | denk**t** | dach**tet** |

**!** du grüßt, reist, heißt, schließt, übersetzt, nützt
ihr grüßt, reist, heißt, schließt, übersetzt, nützt

## bist, seid<br>hast, habt<br>wirst, werdet

*FAMILIÄRE ANREDE – SEIN, HABEN, WERDEN*

Wann wurdest du mit dem Studium fertig?
Du hast ja die Voraussetzungen.
Wann bist du ganz hierher gezogen?
Ihr habt ja Erfahrung im Umziehen.
Wart ihr im Herbst in Urlaub?

| | | PRÄSENS | PRÄTERITUM |
|---|---|---|---|
| SINGULAR | du | **bist** | **warst** |
| | | **hast** | **hattest** |
| | | **wirst** | **wurdest** |
| PLURAL | ihr | **seid** | **wart** |
| | | **habt** | **hattet** |
| | | **werdet** | **wurdet** |

*Setzen Sie die richtige Verbform ein!*

Ihr ______ doch auch vor ein paar Jahren umgezogen. (sein)
Wann ______ ihr ganz hierher gezogen? (sein)
______ du Ingenieur? (werden)
Du ______ den Umzug noch vor dir. (haben)
Ihr ______ nur zu dritt. (sein)
Ihr ______ gebeten zu kommen. (werden)
Du ______ die Stelle noch nicht. (haben)
______ ihr noch keine Erfahrung im Umziehen? (haben)

## -st, -test<br>-t, -tet

*FAMILIÄRE ANREDE – MODALVERBEN*

Wollt ihr wirklich umziehen?
Du kannst dich auf mich verlassen.
Sagtet ihr nicht, daß ihr noch hier bleiben wolltet?
Du mußtest ja noch das Haus einrichten.

| | | PRÄSENS | PRÄTERITUM |
|---|---|---|---|
| SINGULAR | du | will**st** | woll**test** |
| | | kann**st** | konn**test** |
| | | darf**st** | durf**test** |
| | | soll**st** | soll**test** |
| | | mag**st** | moch**test** |
| | | muß**t** | muß**test** |
| PLURAL | ihr | woll**t** | woll**tet** |
| | | könn**t** | konn**tet** |
| | | dürf**t** | durf**tet** |
| | | soll**t** | soll**tet** |
| | | mög**t** | moch**tet** |
| | | müß**t** | muß**tet** |

*Setzen Sie die richtige Verbform ein: 1. im Präsens, 2. im Präteritum*

Du ______ dich auf mich verlassen. (können)
______ du wirklich von hier weg? (wollen)
______ ihr wirklich umziehen? (wollen)
Du ______ mir Mut. (machen)
Seit wann ______ du an einen neuen Arbeitsplatz? (denken)
______ ihr nicht, daß ihr noch hier bleiben ______? (sagen, wollen)

## -(e)st
## -(e)t

*FAMILIÄRE ANREDE – STARKE VERBEN*

Du schaffst das schon.
Hilfst du mir beim Bewerbungsschreiben?
Ihr spracht ja schon einmal davon.

| | | PRÄSENS | PRÄTERITUM |
|---|---|---|---|
| SINGULAR | du | lieg**st** | lag**st** |
| | | fähr**st** | fuhr**st** |
| | | sprich**st** | sprach**st** |
| PLURAL | ihr | lieg**t** | lag**t** |
| | | fahr**t** | fuhr**t** |
| | | sprech**t** | sprach**t** |

!
du verläßt, liest, beschließt, vergißt, ißt
ihr verlaßt, lest, beschließt, vergeßt, eßt

## -t, -st

*FINALE KONSONANTENKOMBINATIONEN*

*Sprechen Sie nach!*

| | | | |
|---|---|---|---|
| geht | – gehst | hört | – hörst |
| arbeitet | – arbeitest | antwortet | – antwortest |
| rechnet | – rechnest | zeichnet | – zeichnest |
| entscheidet | – entscheidest | findet | – findest |
| bestellt | – bestellst | holt | – holst |
| kommt | – kommst | wohnt | – wohnst |
| prüft | – prüfst | ruft | – rufst |
| macht | – machst | erreicht | – erreichst |
| schreibt | – schreibst | bleibt | – bleibst |
| fliegt | – fliegst | fragt | – fragst |
| lernt | – lernst | dankt | – dankst |

*Hören Sie eine Form von **du** oder **ihr**?*

| | 1 | 2 | 3 | 4 | 5 | 6 | 7 | 8 | 9 |
|---|---|---|---|---|---|---|---|---|---|
| du | ☐ | ☐ | ☐ | ☐ | ☐ | ☐ | ☐ | ☐ | ☐ |
| ihr | ☐ | ☐ | ☐ | ☐ | ☐ | ☐ | ☐ | ☐ | ☐ |

*Suchen Sie in dem Dialog zwischen den beiden Freunden (auf Seite 33/34) Sätze mit den Abtönungspartikeln **ja**, **denn** und **doch**!*

*Hören Sie die Sätze mit und ohne Partikel!*
*Welche Veränderungen können Sie sonst noch feststellen?*

e → i(e), a → ä
o → ö, au → äu

*VOKALÄNDERUNG IM PRÄSENS*

| | | | |
|---|---|---|---|
| bewerben | → bewirbt | fahren | → fährt |
| brechen | → bricht | laden | → lädt |
| essen | → ißt | raten | → rät |
| gelten | → gilt | vorschlagen | → schlägt vor |
| helfen | → hilft | tragen | → trägt |
| messen | → mißt | | |
| sprechen | → spricht | wachsen | → wächst |
| vergessen | → vergißt | lassen | → läßt |
| | | halten | → hält |
| geben | → gibt | fallen | → fällt |
| nehmen | → nimmt | | |
| vertreten | → vertritt | laufen | → läuft |
| werden | → wird | | |
| | | stoßen | → stößt |
| empfehlen | → empfiehlt | | |
| geschehen | → geschieht | | |
| lesen | → liest | | |
| sehen | → sieht | | |

!

*IMPERATIV IN DER FAMILIÄREN ANREDE*

Hör mal!
Plant nicht zu früh!

| | | | | | | | | |
|---|---|---|---|---|---|---|---|---|
| SINGULAR | sei! | hab! | werde! | sag! | warte! | denk! | fahr! | sprich! |
| PLURAL | seid! | habt! | werdet! | sagt! | wartet! | denkt! | fahrt! | sprecht! |

___ mal mit Marion! (sprechen)
___ ihr die Situation klar! (machen)
___ mir bald die Anzeige! (geben)
___ doch mal vorbei! (kommen)
___ 's gut! (machen)

*Fordern Sie Ihren/Ihre Partner(in) auf, folgendes zu tun:*

den Bericht lesen
ein Modul bestellen
sich als Sekretärin bewerben
auf Frau Haber warten
anhalten
sich um die Stelle bewerben
die Unterlagen holen
den Termin nicht vergessen
mit den Mitarbeitern sprechen
die Kiste einladen
zum Flughafen fahren
nicht zu früh planen

Was ___ (geschehen) denn hier? ___ (laufen) die Maschine nicht richtig? Du ___ (dürfen) auch nicht ___ (vergessen), den Hebel nach oben zu ___ (schieben). Komm, ___ (helfen) mir mal! ___ (nehmen) den Hebel und ___ (halten) ihn hier fest – und gleich ___ (lassen) du ihn wieder los, wenn ich es ___ (sagen). – Nicht so fest, du ___ (brechen) ihn noch ab.
So, jetzt ___ (laufen) sie wieder einwandfrei, ___ (sehen) du. – Übrigens ___ (geben) es dafür eine Anleitung. ___ (lesen) die mal durch!

# Arbeitsmotivation

Sind Sie bereit, Ihre beruflichen Anstrengungen zu steigern?
Wenn ja, aus welchen Gründen?

für bessere Aufstiegs- und Karrierechancen

für mehr Einfluß

für eine Verkürzung der Arbeitszeit

für mehr Möglichkeiten, sich durch Tüchtigkeit und Leistung auszuzeichnen

für ein höheres Einkommen

für freiere Gestaltungsmöglichkeiten bei der Arbeitszeit

für mehr Entscheidungskompetenz

für mehr Möglichkeiten, eigene Ideen wirksam durchzusetzen

für mehr Urlaub

für eine interessantere Tätigkeit

für größere Selbständigkeit und Unabhängigkeit

## Was motiviert uns, Arbeitsleistung zu erbringen?

*Machen Sie eine Umfrage bei den Kursteilnehmer(inne)n!*
*Vergleichen Sie jetzt Ihr Ergebnis mit dem Ergebnis einer Umfrage des Emnid-Instituts bei 2000 deutschen Arbeitern und Angestellten!*

**Motivations-Faktoren**

Umfrage bei 2000 Arbeitern und Angestellten

Soviel Prozent der befragten Arbeitnehmer sind bereit, ihre beruflichen Anstrengungen zu steigern für . . . (Mehrfachnennungen waren möglich):

| | |
|---|---|
| ● höheres Einkommen | 48 % |
| ● bessere Aufstiegs- und Karrierechancen | 25 % |
| ● größere Selbständigkeit und Unabhängigkeit | 25 % |
| ● mehr Möglichkeiten, eigene Ideen wirksam durchzusetzen | 23 % |
| ● mehr Urlaub | 22 % |
| ● eine interessante Tätigkeit | 22 % |
| ● mehr Einfluß, Entscheidungskompetenz | 22 % |
| ● freiere Gestaltungsmöglichkeiten bei der Arbeitszeit | 21 % |
| ● Verkürzung der Arbeitszeit | 21 % |
| ● mehr Möglichkeiten, sich durch Tüchtigkeit und Leistung auszuzeichnen | 16 % |
| ● Nicht bereit, ihre beruflichen Anstrengungen zu steigern, sind | 16 % |

Durch Arbeit wollen wir unsere Bedürfnisse befriedigen können.
Welche Bedürfnisse haben wir?

*Ordnen Sie zu!*

das Bedürfnis, Zuneigung zu erhalten und soziale Kontakte zu knüpfen

das Bedürfnis, Beachtung zu finden und Einfluß zu gewinnen

physiologische Bedürfnisse

das Bedürfnis, unsere Fähigkeiten zu entfalten

das Bedürfnis, frei von Angst und Furcht zu sein

# Ohne Bildung keine Zukunft

## Das Bildungssystem in Deutschland

In Deutschland besteht allgemeine Schulpflicht. (Eine Vollzeitschulpflicht besteht bis zum Abschluß des 9. Schuljahres, eine Teilzeitschulpflicht bis zur Vollendung des 18. Lebensjahres.) Obwohl jedes Bundesland eine eigene Schulgesetzgebung hat, lassen sich dennoch gewisse Gemeinsamkeiten in allen sechzehn Ländern feststellen. Diese sind in der folgenden Grafik zusammengefaßt.

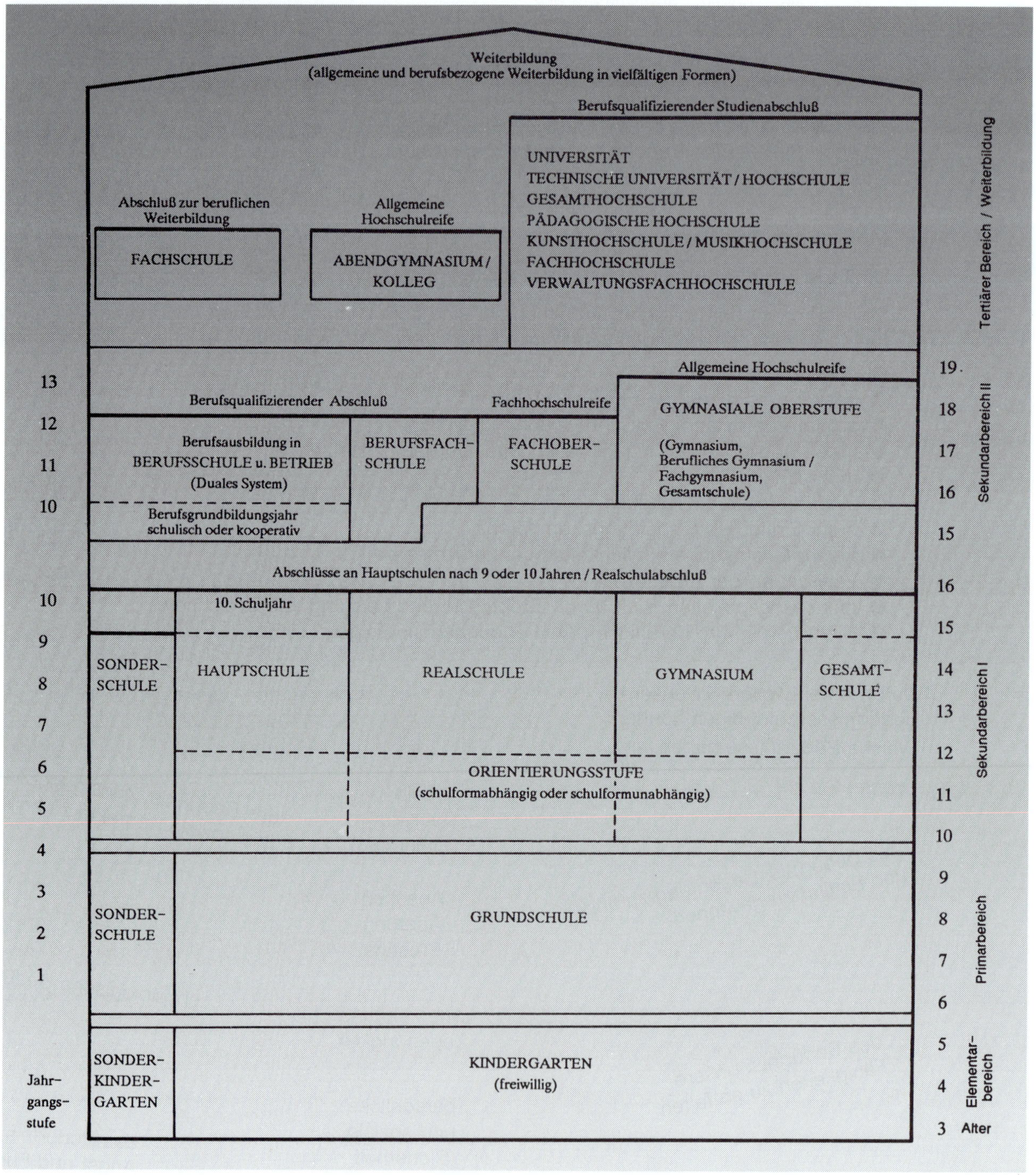


*Betrachten Sie die Grafik und hören Sie gleichzeitig die Erläuterungen dazu!*

# Das differenzierte Schulsystem

Von 100 Schülern eines Jahrgangs besuchen

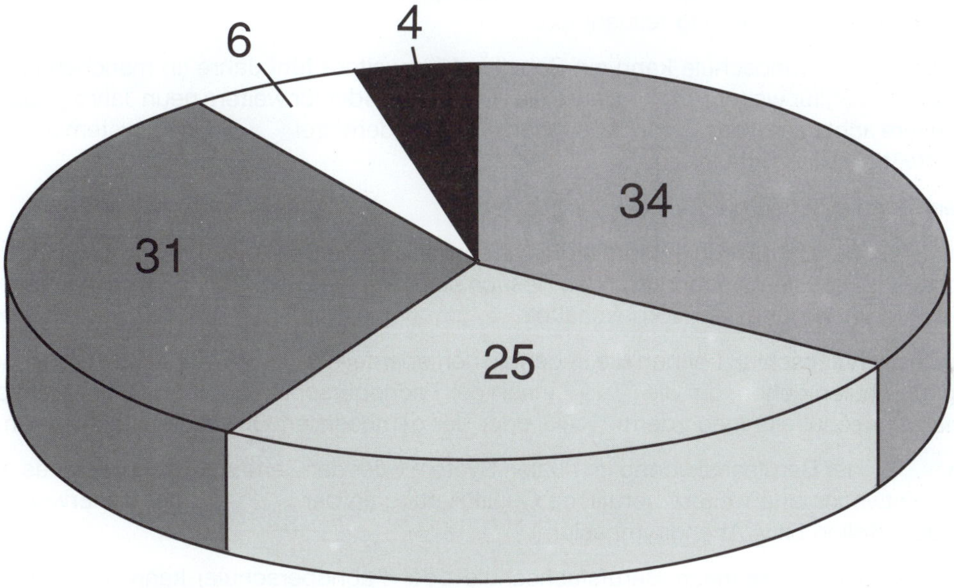


34 die Hauptschule
25 die Realschule
31 das Gymnasium
6 die Gesamtschule
4 die Sonderschule

*Erläutern Sie das deutsche Schulsystem!*
*Benutzen Sie dazu folgende Redemittel:*

in die Schule / in den Kindergarten kommen – eine Schule besuchen / verlassen – auf das Gymnasium / die Realschule gehen – eine Schule abschließen (der Schulabschluß / das Abschlußzeugnis) – das Abitur / die Abschlußprüfung machen – seinen/ihren Abschluß machen – eine Lehre machen / in die Lehre gehen – eine abgeschlossene Berufsausbildung haben – der Lehrling / der Geselle / der Meister – die Gesellenprüfung / der Gesellenbrief – Azubi = der/die Auszubildende – der/die Schüler(in) – der/die Student(in) – das Kind / der/die Jugendliche / der/die Erwachsene – die Schulzeit / die Berufstätigkeit – das Staatsexamen – das Diplom / die Diplomprüfung – der Magister(grad) / die Magisterprüfung – der Doktor(grad) / die Promotion / promovieren – eine Prüfung bestehen / in der Prüfung durchfallen – ein Zeugnis / Diplom / Zertifikat erhalten

Welche Schulen bauen aufeinander auf? *Zeichnen Sie eine Grafik!*

*Lesen Sie den Dialog zwischen den zwei Freunden nochmals, und stellen Sie fest, welche Schulen die Kinder besuchen!*

*Beantworten Sie folgende Fragen:*

Rainer Stolz hat eine Tochter; sie heißt Marion.

1. Welche Schule besucht Günter jetzt?
2. Bis zu welchem Schuljahr ist er in Siegen geblieben?
3. Welche Prüfung macht er als nächste?
4. Wo will er später studieren?
5. Können Sie sich denken, welches Fach er studieren möchte?
6. Auf welche Schule geht Jürgen jetzt?
7. Welche Schule hatte Jürgen bereits in Siegen beendet?
8. Wann sind die großen Ferien?
9. Wissen Sie, auf welche Schule Marion geht?
10. Glauben Sie, daß Marion musikalisch ist?

Bernd Brenner hat zwei Söhne, Günter und Jürgen.

*Setzen Sie die fehlenden Wörter in den Text!*

Deutschland ist eine Bundesrepublik mit _____ Bundesländern. Nach dem Grundgesetz, der deutschen Verfassung, liegt die Verantwortlichkeit für die Bildungspolitik bei den Ländern. Aus diesem Grunde gibt es nicht ein deutsches Schulsystem, sondern sechzehn verschiedene: Jedes _____ hat seine eigenen Schulgesetze. Dennoch lassen sich Gemeinsamkeiten in allen Ländern feststellen. Hierzu gehören:

1. In allen Ländern gibt es eine Schulpflicht, die mit dem _____ Lebensjahr beginnt und mit Vollendung des 18. Lebensjahrs endet.

2. Im Alter von _____ Jahren tritt das Kind in die vierjährige _____ ein. Vorher kann es in den Kindergarten gehen und an der Vorschulerziehung teilnehmen.

3. Nach der vier_____ Grundschule kann ein Schulkind für weitere fünf Jahre (in manchen Ländern auch sechs Jahre) die _____, für weitere _____ Jahre die Realschule oder für weitere neun Jahre (in ostdeutschen Ländern für weitere acht Jahre) das _____ besuchen. – Neben dem drei_____ Schulsystem gibt es noch die _____; sie umfaßt alle drei Schularten.

4. Die Klassen 5 und 6 bilden die _____.

5. Nach dem _____ der Hauptschule können die Jugendlichen eine Berufsausbildung beginnen. Dies kann im Rahmen des _____ Systems oder durch den Besuch einer anderen _____ _____ geschehen. Meist wird jedoch ein Berufsgrundbildungsjahr vorgeschaltet.

6. Nach dem Realschulabschluß können die Jugendlichen ebenfalls eine _____ beginnen oder auf eine der weiterführenden Schulen gehen, um die _____ (nach der Fachoberschule oder der Berufsfachschule) oder die allgemeine Hochschulreife (nach dem _____ oder der gymnasialen Oberstufe) zu erreichen.

7. Nach dem _____ der Berufsausbildung im dualen System oder der Berufsfachschule gibt es wieder zwei Möglichkeiten: Entweder eine weitere berufliche Qualifizierung (in der _____) oder der Erwerb der _____ (nach dem Kolleg bzw. Abendgymnasium).

8. Nach Erreichen der _____ (nach Berufsfachschule oder Fachoberschule) kann man an einer Fachhochschule studieren.

9. Nach Erreichen der allgemeinen Hochschulreife (nach dem Gymnasium, dem _____ oder dem Abendgymnasium) kann man an einer _____ oder einer anderen wissenschaftlichen _____ studieren.

*Diskutieren Sie mit Ihrem/Ihrer Partner(in) die Vor- und Nachteile des deutschen Schulsystems! Was spricht dafür (PRO), was dagegen (CONTRA)?*

| PRO | CONTRA |
|---|---|
| Durch das dreigliedrige System werden die Jugendlichen entsprechend ihrer Neigung optimal gefördert.<br>Die Entscheidung für eine der weiterführenden Schulen am Ende der Grundschule kann später wieder revidiert werden. | Alle Jugendlichen sollten in dieselbe Schule gehen.<br>Im Alter von 10 Jahren kann man noch nicht genau sagen, welchen Beruf das Kind später einmal ausüben will. |

# Das Bewerbungsschreiben

Herr Stolz hat die Anzeige gelesen und bewirbt sich um die ausgeschriebene Stelle. Er schreibt einen Brief an die Firma Lang. Der Brief hat folgende Form:

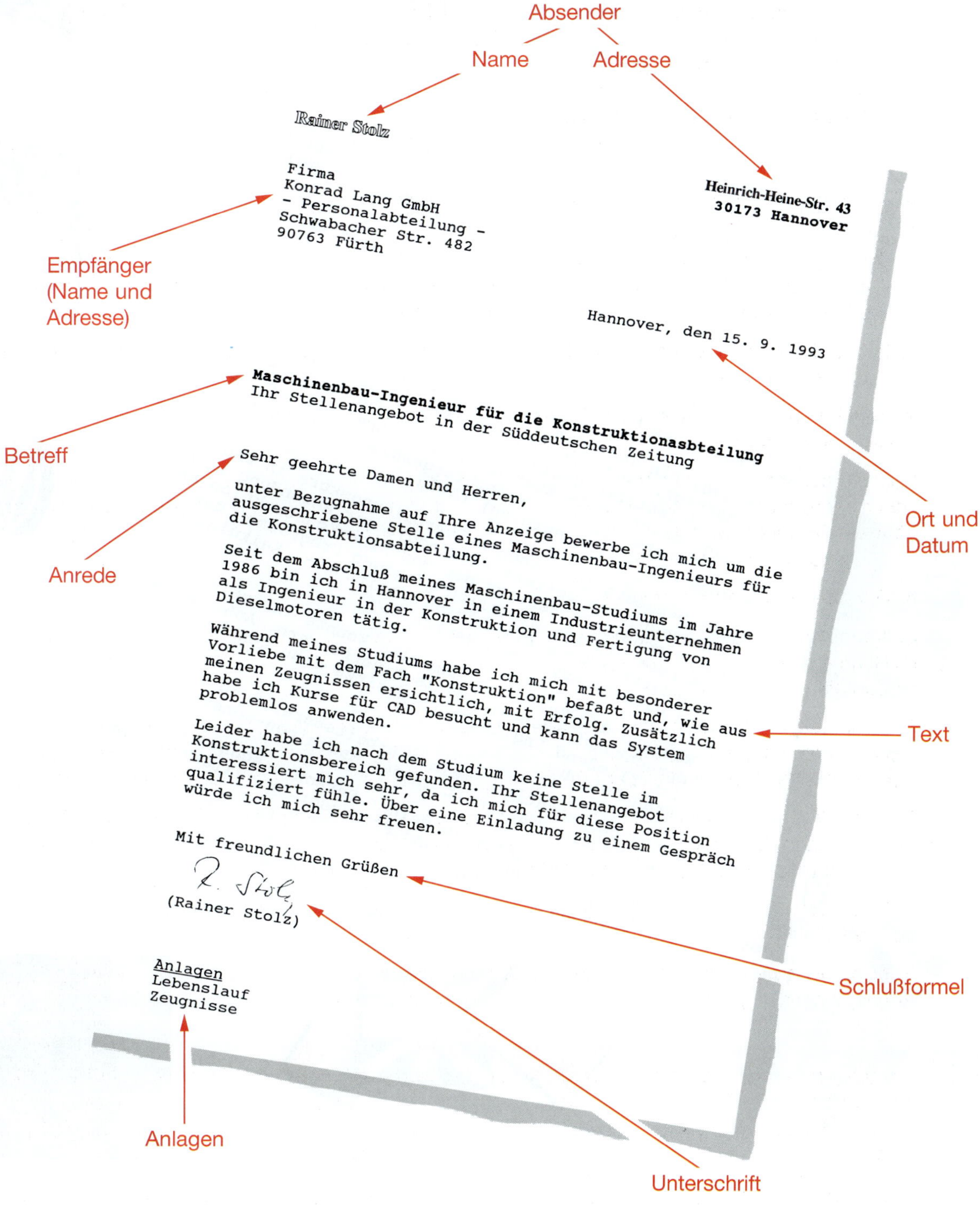


Rainer Stolz

Heinrich-Heine-Str. 43
30173 Hannover

Firma
Konrad Lang GmbH
- Personalabteilung -
Schwabacher Str. 482
90763 Fürth

Hannover, den 15. 9. 1993

**Maschinenbau-Ingenieur für die Konstruktionsabteilung**
Ihr Stellenangebot in der Süddeutschen Zeitung

Sehr geehrte Damen und Herren,

unter Bezugnahme auf Ihre Anzeige bewerbe ich mich um die ausgeschriebene Stelle eines Maschinenbau-Ingenieurs für die Konstruktionsabteilung.

Seit dem Abschluß meines Maschinenbau-Studiums im Jahre 1986 bin ich in Hannover in einem Industrieunternehmen als Ingenieur in der Konstruktion und Fertigung von Dieselmotoren tätig.

Während meines Studiums habe ich mich mit besonderer Vorliebe mit dem Fach "Konstruktion" befaßt und, wie aus meinen Zeugnissen ersichtlich, mit Erfolg. Zusätzlich habe ich Kurse für CAD besucht und kann das System problemlos anwenden.

Leider habe ich nach dem Studium keine Stelle im Konstruktionsbereich gefunden. Ihr Stellenangebot interessiert mich sehr, da ich mich für diese Position qualifiziert fühle. Über eine Einladung zu einem Gespräch würde ich mich sehr freuen.

Mit freundlichen Grüßen

R. Stolz
(Rainer Stolz)

Anlagen
Lebenslauf
Zeugnisse

*Diskutieren Sie mit Ihrem/Ihrer Partner(in), welche Punkte besonders wichtig für eine aussichtsreiche Bewerbung sind!*

Heinrich-Heine-Str. 43
30173 Hannover

Rainer Stolz

**Lebenslauf**

Ich wurde am 24. Juli 1956 in Bocholt geboren und bin deutscher Staatsbürger. Ich bin verheiratet und habe ein Kind.

Von 1962 bis 1966 besuchte ich die Grundschule in Bocholt, anschließend die Realschule, zunächst in Bocholt und ab 1969 in Münster. Von 1972 bis 1974 besuchte ich die Fachoberschule in Münster und erwarb mit dem Abschluß die Fachhochschulreife. Anschließend leistete ich meine Wehrpflicht ab.

Nach meiner Entlassung aus der Bundeswehr absolvierte ich von 1976 bis 1978 ein Betriebspraktikum in Münster. Danach begann ich mein Studium in Maschinenbau an der Fachhochschule Dortmund. 1981 schloß ich das Studium mit dem Grad eines Maschinenbau-Ingenieurs ab.

Seit 1981 bin ich beim Volkswagenwerk in Hannover beschäftigt. Dort war ich zunächst in der Konstruktion von Dieselmotoren tätig und bin seit fünf Jahren für die Fertigungskontrolle zuständig. Im Jahre 1985 war ich für sechs Monate bei der VW-Tochtergesellschaft Autolatina in Buenos Aires (Argentinien) tätig.

1989 besuchte ich einen Weiterbildungskurs in CAD. Daran schlossen sich weitere Kursmodule zur Anwendung neuester Datentechnik im Bereich der Maschinenkonstruktion an. Außerdem bin ich mit allen gängigen Programmen der Standartsoftware wie Textverarbeitungs-, Kalkulations- und Datenbanksystemen vertraut.

Während der Zeit in Südamerika konnte ich meine Sprachkenntnisse in Spanisch verbessern. Außerdem spreche ich fließend Englisch und besitze Schulkenntnisse in Französisch.

Ich beabsichtige, meinen Arbeitsbereich zu verändern, und suche eine Tätigkeit in der Maschinen-Konstruktion.

Nähere Auskünfte zu meiner Personen können Herr Martin Brunner in Münster und Professor Dr. Walter Gutemuth in Dortmund erteilen.

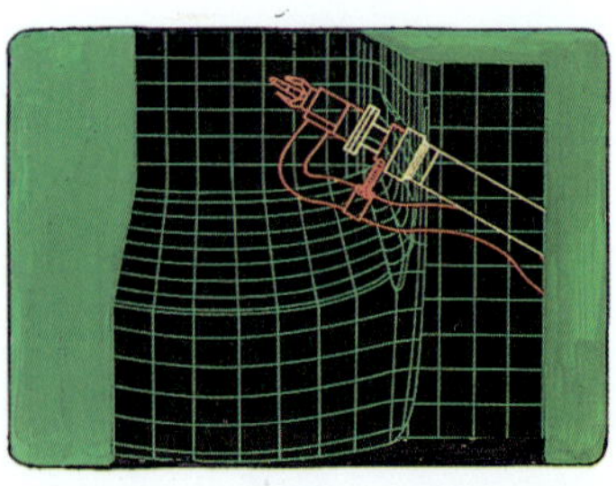

*Schreiben Sie einen tabellarischen Lebenslauf [vgl. Arbeitsbuch Teil 1, Seite 62] und verwenden Sie dabei die folgenden Rubriken:*

| | |
|---|---|
| Personalien | Berufstätigkeit |
| Schulbildung | Weiterbildung |
| Wehrdienst | Sprachkenntnisse |
| Berufsausbildung | EDV-Kenntnisse |
| Studium | Referenzen |

*Schreiben Sie Ihren eigenen Lebenslauf!*
*Schreiben Sie ihn in zwei Formen:*

1. als tabellarischen Lebenslauf:
Verwenden Sie dazu die genannten Rubriken!

2. als berichtenden Lebenslauf:
Erzählen Sie dazu Ihr Leben in ganzen Sätzen!
Sie können die folgenden Redemittel verwenden:

Ich bin am ... in ... geboren.
Ich bin ... Staatsbürger. /
Ich habe die ... Staatsangehörigkeit.
Ich bin ledig/verheiratet/geschieden/verwitwet.
Ich habe ein Kind / ... Kinder.

Im Jahre ... wurde ich eingeschult. /
Von ... bis ... besuchte ich die Grundschule.
Nach der Grundschule wechselte ich zur Hauptschule/zur Realschule/zum Gymnasium.
Von ... bis ... besuchte ich die Hauptschule/die Realschule/das Gymnasium in ...
Im Jahre ... schloß ich die Hauptschule/die Realschule ab/erreichte ich die Mittlere Reife/die Fachhochschulreife/die allgemeine Hochschulreife/machte ich das Abitur.

Von ... bis ... machte ich eine Lehre als ...
Die Lehre schloß ich mit der Gesellenprüfung/Gehilfenprüfung ab.
Von ... bis ... leistete ich meinen Wehrdienst/Zivildienst.

Von ... bis ... studierte ich das Fach/die Fächer ... an der Universität/Technischen Hochschule/Fachhochschule ...
Mein Studium schloß ich mit dem Staatsexamen/der Magisterprüfung/der Diplomprüfung als ... ab.

Von ... bis ... war ich als ... in der Firma ... in ... tätig.
Ich habe meine Berufstätigkeit unterbrochen, um ...

Ich spreche/beherrsche ... (Sprache/Sprachen) in Wort und Schrift./Ich verstehe .../Ich kann Fachtexte in ... lesen.
Ich bin mit Grundbegriffen der EDV/allen Standardprogrammen/folgenden Anwenderprogrammen vertraut.

Nähere Auskünfte über meine Person können Ihnen ... und ... geben.

## 1 2 3 4

*ZAHLEN LESEN*

| | | |
|---|---|---|
| 1 9 2 5 | *als Ziffern:* | eins, neun, zwo, fünf |
| 1925 | *als Zahl:* | eintausendneunhundertfünfundzwanzig |
| 1925 | *als Jahr:* | neunzehnhundertfünfundzwanzig |
| 19,25 | *als Dezimalzahl:* | neunzehn Komma zwei fünf |
| 19,25 DM | *als Wertangabe:* | neunzehn Mark fünfundzwanzig |
| 19,25 m | *als Maßangabe:* | neunzehn Meter fünfundzwanzig |
| 19.25 | *als Uhrzeit:* | neunzehn Uhr fünfundzwanzig |
| 19 25 73 | *als Telefonnummer:* | eins-neun, zwo-fünf, sieben-drei |
| 19253 | *als Postleitzahl:* | eins-neun, zwo-fünf-drei |
| 2. 5. | *als Datum:* | zweiter fünfter (den zweiten fünften) |
| 2/5 | *als Bruchzahl:* | zwei Fünftel |
| $5^2$ | *als Potenz:* | fünf hoch zwei *oder* fünf-Quadrat |
| $7^3$ | *(Basis, Exponent)* | sieben hoch drei *oder* sieben-Kubus |

*Lesen Sie folgende Zahlen:*

346 DM 6,70 4,67 27,5 78,5 kg 3/4 1995
7,80 m 6780 3.40 Uhr 467 km 1871 $4^3$ 86,6 m 5 7/8 D-53113

## um, durch, gegen, für, bis, zu, an, in, von, vor, nach, während, bei, ab

*ZEITPRÄPOSITIONEN (ZUSAMMENFASSUNG)*

| | |
|---|---|
| gegen<br>für<br>um<br>auf<br>durch<br>bis in | + AKKUSATIV |
| ab<br>seit<br>bis zu<br>bei<br>an<br>in<br>vor<br>zwischen<br>nach<br>zu – hin<br>von – ab/an | + DATIV |
| während | + GENITIV |

am Dienstag...
während des Studiums...
nach meiner Lehre...
vor 5 Jahren...
im Jahr 1995...
ab dem 7. Semester...
von Montag an...
am Ende der Stunde...
von 1988 an...
zur Jahresmitte hin...
zum 31.12....
zwischen dem 5. und 8. Semester...
in diesem Jahr...
im nächsten Jahr...
bis zum Ende der Wirtschaftskrise...
am 24. Juli...
vor 3 Std...
bis nächste Woche...
den ganzen Tag über...
am Dienstag...
im Mai...
für einen Monat...
von Montag bis Freitag...
bis in 3 Tagen!
in einem Jahr...
die Nacht von Samstag auf Sonntag...
um 8.24 Uhr..
ab heute...
nach dem 1.5....
gegen 11 Uhr...

*Setzen Sie die fehlenden Präpositionen ein!*

Herr Barnes kommt ___ 11.00 Uhr. Herr Lang fährt ___ eine Woche nach Philadelphia. Die M-CC-1 wird ___ den 20. Oktober fertig. Die Maschine aus London landet ___ 9.40 Uhr. Wir arbeiteten die ganze Nacht ___. ___ morgen! Es sind jetzt noch fünf Tage ___ zum 30. Juni. Herr Heuberger kommt ___ Donnerstag zurück. ___ Ende haben wir den Auftrag doch bekommen. Er kommt ___ zwei Wochen. Die Abschlußbilanz kommt ___ diesen Tagen. Der Chef ist ___ Jahr 1940 geboren. Sein Geburtstag ist ___ 7. November. Die Anlage läuft auch ___ der Nacht. ___ der Besprechung telefonierte er noch mit Herrn Mitter. ___ der 25. und 28. Woche kommt die neue Maschine. ___ der Prüfung lief alles gut. Er fliegt in der Nacht ___ Dienstag ___ Mittwoch zurück. ___ Monatsende hin muß die Abrechnung erstellt werden. ___ 1. Juli 1993 gelten die neuen Postleitzahlen. ___ gestern an sollte doch die Produktion laufen. Frau Hellmann arbeitet ___ sieben Jahren bei der Fa. Lang. ___ drei Wochen hat Herr Baumann gekündigt. ___ dem Essen tranken sie noch einen Kaffee. Die Vorräte reichen noch ___ in den nächsten Monat. ___ kommender Woche läuft die neue Produktion an. ___ Abendessen besprachen Herr Lang und Herr van Beeken die Umsätze in den Benelux-Ländern.

*Formulieren Sie Fragen zu einem Lebenslauf, und entwerfen Sie einen Fragebogen mit relevanten Angaben zur Person!*

*Hören Sie jetzt ein Gespräch!*

Herr Fuhrmann will ein Gewerbe anmelden.
Der Beamte im Rathaus stellt ihm einige Fragen.

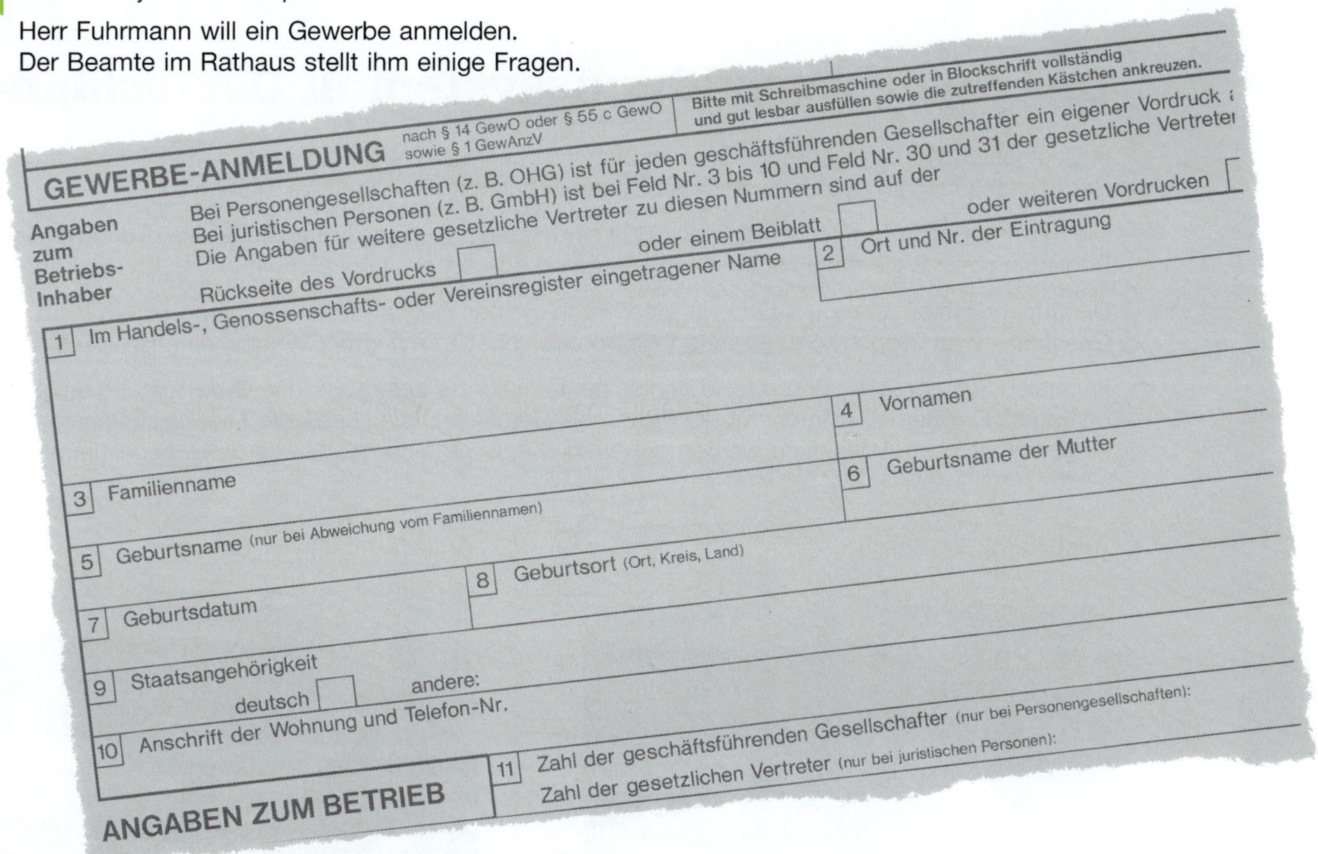

**GEWERBE-ANMELDUNG** nach § 14 GewO oder § 55 c GewO sowie § 1 GewAnzV

Bitte mit Schreibmaschine oder in Blockschrift vollständig und gut lesbar ausfüllen sowie die zutreffenden Kästchen ankreuzen.

Angaben zum Betriebs-Inhaber

Bei Personengesellschaften (z. B. OHG) ist für jeden geschäftsführenden Gesellschafter ein eigener Vordruck a
Bei juristischen Personen (z. B. GmbH) ist bei Feld Nr. 3 bis 10 und Feld Nr. 30 und 31 der gesetzliche Vertreter
Die Angaben für weitere gesetzliche Vertreter zu diesen Nummern sind auf der
Rückseite des Vordrucks ☐ oder einem Beiblatt ☐ oder weiteren Vordrucken ☐

1 Im Handels-, Genossenschafts- oder Vereinsregister eingetragener Name
2 Ort und Nr. der Eintragung
3 Familienname
4 Vornamen
5 Geburtsname (nur bei Abweichung vom Familiennamen)
6 Geburtsname der Mutter
7 Geburtsdatum
8 Geburtsort (Ort, Kreis, Land)
9 Staatsangehörigkeit deutsch ☐ andere:
10 Anschrift der Wohnung und Telefon-Nr.

**ANGABEN ZUM BETRIEB**

11 Zahl der geschäftsführenden Gesellschafter (nur bei Personengesellschaften):
Zahl der gesetzlichen Vertreter (nur bei juristischen Personen):

Welches Gewerbe möchte Herr Fuhrmann anmelden?
Wie alt ist Herr Fuhrmann?
In welcher Stadt wohnt er?
Was muß Herr Fuhrmann bezahlen? Und wo?
Welches Papier bekommt er?
Wie lautet die genaue Geschäftsadresse?

ie *AUSSPRACHE VON IE*

*Hören Sie, und sprechen Sie nach!*

| | | | |
|---|---|---|---|
| Harmonie | Chemie | Rupie | Linie |
| Garantie | Ökonomie | Studie | Familie |
| Telegraphie | Industrie | Historie | Prämie |

[í:] – [íən] | [iə] – [iən]

| | |
|---|---|
| Kopie – Kopien | Folie – Folien |
| Energie – Energien | Aktie – Aktien |
| Theorie – Theorien | Lappalie – Lappalien |
| Raffinerie – Raffinerien | Serie – Serien |

*Lesen Sie die folgenden Wörter!*

Hotellerie, Arie, Galerie, Demokratie, Arterie, Utopie, Therapie, Harmonie, Prämie, Lilie, Fantasie, Akademie, Parodie, Komödie, Diplomatie, Sinfonie, Materie, Batterie, Fotografie, Kategorie, Gastronomie

Peter Fischer hat die Stellenanzeige für einen Facharbeiter in der Zeitung gelesen. Er glaubt, daß die Arbeit in der Montage bei der Fa. Lang das Richtige für ihn ist. Er ist noch jung und möchte sich verbessern. Nach Beendigung der Hauptschule hatte er eine Lehre als Maschinenschlosser begonnen und vor fünf Jahren beendet. Anschließend war er von seinem Ausbildungsbetrieb übernommen worden. Aber jetzt sucht er eine neue Stelle.

# Das duale Ausbildungssystem in Deutschland

In Deutschland erhält der größte Teil aller Jugendlichen nach Abschluß der allgemeinbildenden Schule eine Berufsausbildung im dualen System; erst danach beginnt die berufliche Tätigkeit.

Die Berufsausbildung im dualen System sieht eine Kombination von betrieblicher Ausbildung und schulischer Begleitung vor. Sie ermöglicht so einen Übergang aus der Welt der Schule in das Erwerbsleben.

Die Jugendlichen lernen vor Ort – in einer Fabrik, einer Werkstatt, einem Labor, einem Büro oder einem Geschäft – und besuchen zugleich (an einem oder zwei Tagen in der Woche) eine Berufsschule.

Im dualen System sollen Betrieb und Schule gemeinsam zur bestmöglichen Qualifizierung der Jugendlichen beitragen: Der Betrieb ist mehr für die Praxis, die Berufsschule mehr für die Theorie zuständig. Im Interesse einer einheitlichen Ausbildung werden die Ausbildungspläne der beiden Lernorte abgestimmt.

## Ausbildung im Betrieb

Im Mittelpunkt der betrieblichen Ausbildung steht die praktische Tätigkeit. Dadurch sollen die Jugendlichen Schritt für Schritt lernen, immer schwierigere Aufgaben selbständig zu lösen. Welche Arbeiten sie kennenlernen und ausführen müssen, ist in einem betrieblichen Ausbildungsplan festgelegt.

Im kaufmännischen Bereich beginnt die Ausbildung nach diesem Plan in einem Betriebsbüro. Die Auszubildenden wandern dann durch verschiedene Abteilungen wie z. B. das Rechnungswesen und kommen schließlich über die Einkaufs- in die Verkaufsabteilung des Betriebs.

Im gewerblichen und technischen Bereich ist die erste Station oft eine Lehrwerkstatt oder ein Lehrlabor. Dort lernen die angehenden Handwerker oder Laboranten bei hauptberuflichen Ausbildern die Grundlagen ihres Berufs. Anschließend kommen sie in verschiedene Werkstätten, Produktionsbetriebe oder Labors, wo sie ihre Fertigkeiten anwenden und ihre Kenntnisse erweitern können.

## Ausbildung in der Schule

Alle Jugendlichen sind verpflichtet, während der Ausbildungszeit eine Berufsschule zu besuchen. Der Unterricht findet entweder an einem oder zwei Tagen in der Woche statt oder wird in größeren zeitlichen Abschnitten (Blockunterricht) zusammengefaßt.

Aufgabe der Berufsschule ist es, die betriebliche Ausbildung zu ergänzen. Etwa 60 % des Unterrichts sind fachbezogen. Die Berufsschule soll aber darüber hinaus auch die Allgemeinbildung der Schüler fördern. Auf dem Stundenplan stehen deshalb neben Technologie, technischer Mathematik oder technischem Zeichnen auch Fächer wie Deutsch, Sozialkunde und Wirtschaftslehre.

Die Schüler werden nach Ausbildungsjahren in Klassen für einzelne oder mehrere verwandte Ausbildungsberufe unterrichtet. Dies geschieht nicht nur im üblichen Klassenraum, sondern auch in Demonstrationswerkstätten, Lehrbüros oder Lehrlaboratorien.

Da rund zwei Drittel aller Jugendlichen zwischen 15 und 18 Jahren eine Ausbildung im dualen System absolvieren, spielt die rein schulische Ausbildung nur eine untergeordnete Rolle. Zu den berufsbildenden Schulen gehören neben der Berufsschule auch die Berufsfachschule und die Fachschule. Die Berufsaufbauschule ist vornehmlich darauf gerichtet, Schülern weiterführende Bildungsabschlüsse zu ermöglichen.

Die Berufsfachschulen sind Vollzeitschulen. Die Schüler verbringen dort je nach Fachrichtung und Zielsetzung ein bis drei Jahre. Danach können sie direkt in ein Arbeitsverhältnis überwechseln.

Die meisten Jugendlichen beginnen die ‚duale Ausbildung' nach neun oder zehn Schuljahren (Vollzeitschulpflicht) im Alter von 15 oder 16 Jahren. Sie bringen in der Regel das Abschlußzeugnis einer Hauptschule mit. Die Ausbildung dauert meist drei Jahre. Sie ist so gegliedert, daß die Auszubildenden – früher nannte man sie ‚Lehrlinge' – sich zunächst Grundfertigkeiten und Grundkenntnisse aneignen. Dies geschieht in zunehmendem Maße im Berufsgrundbildungsjahr. Im zweiten Jahr beginnt dann die fachspezifische Ausbildung. Die Ausbildungszeit endet nach ca. drei Jahren mit einer Abschlußprüfung.

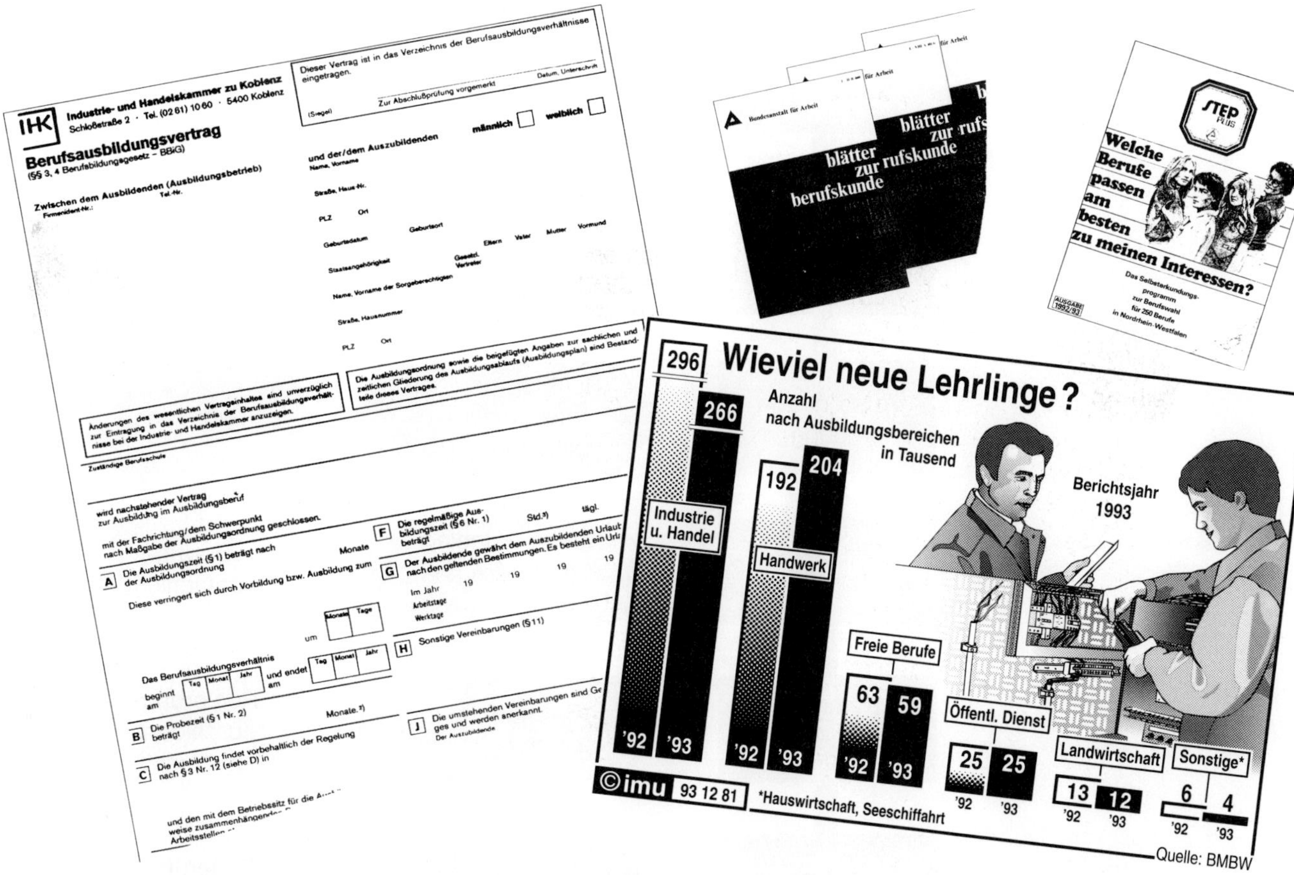


Das Ausbildungsspektrum ist breit: Das duale System sieht die Ausbildung für insgesamt 440 verschiedene Berufe vor. Einige dieser Berufe sind besonders beliebt. Zu den zehn beliebtesten Ausbildungsberufen . . .

| . . . männlicher Auszubildender gehören: | . . . weiblicher Auszubildender gehören: |
|---|---|
| 1. Kraftfahrzeugmechaniker (8,4 %) | 1. Verkäuferin (10,2 %) |
| 2. Elektroinstallateur (5,6 %) | 2. Friseurin (9,6 %) |
| 3. Maschinenschlosser (4,4 %) | 3. Verkäuferin im Nahrungsmittelhandwerk (6,4 %) |
| 4. Tischler (4,1 %) | 4. Bürokauffrau (6,2 %) |
| 5. Maurer (3,7 %) | 5. Arzthelferin (5,5 %) |
| 6. Maler und Lackierer (3,4 %) | 6. Industriekauffrau (5,5 %) |
| 7. Gas- und Wasserinstallateur (3,2 %) | 7. Einzelhandelskauffrau (4,2 %) |
| 8. Kaufmann im Groß- und Außenhandel (2,7 %) | 8. Zahnarzthelferin (4,2 %) |
| 9. Bäcker (2,3 %) | 9. Bankkauffrau (4,1 %) |
| 10. Werkzeugmacher (2,1 %) | 10. Kauffrau im Groß- und Außenhandel (3,2 %) |

Mehr als 40 % der Jungen und rund 60 % der Mädchen haben sich jeweils für einen dieser Ausbildungsberufe entschieden.

# Einheit trotz Vielfalt

Für den schulischen Bereich ist allein der Staat, d. h. in Deutschland die 16 Bundesländer, zuständig. In der betrieblichen Ausbildung hingegen wirken die Selbstverwaltungsorgane der Wirtschaft (Kammern) und die staatliche Rahmenkompetenz (in diesem Fall die des Bundes) zusammen. So werden die Ausbildungsordnungen von einem Bundesministerium erlassen und von Praktikern, Verwaltungsfachleuten und Berufsbildungsforschern gemeinsam entwickelt.

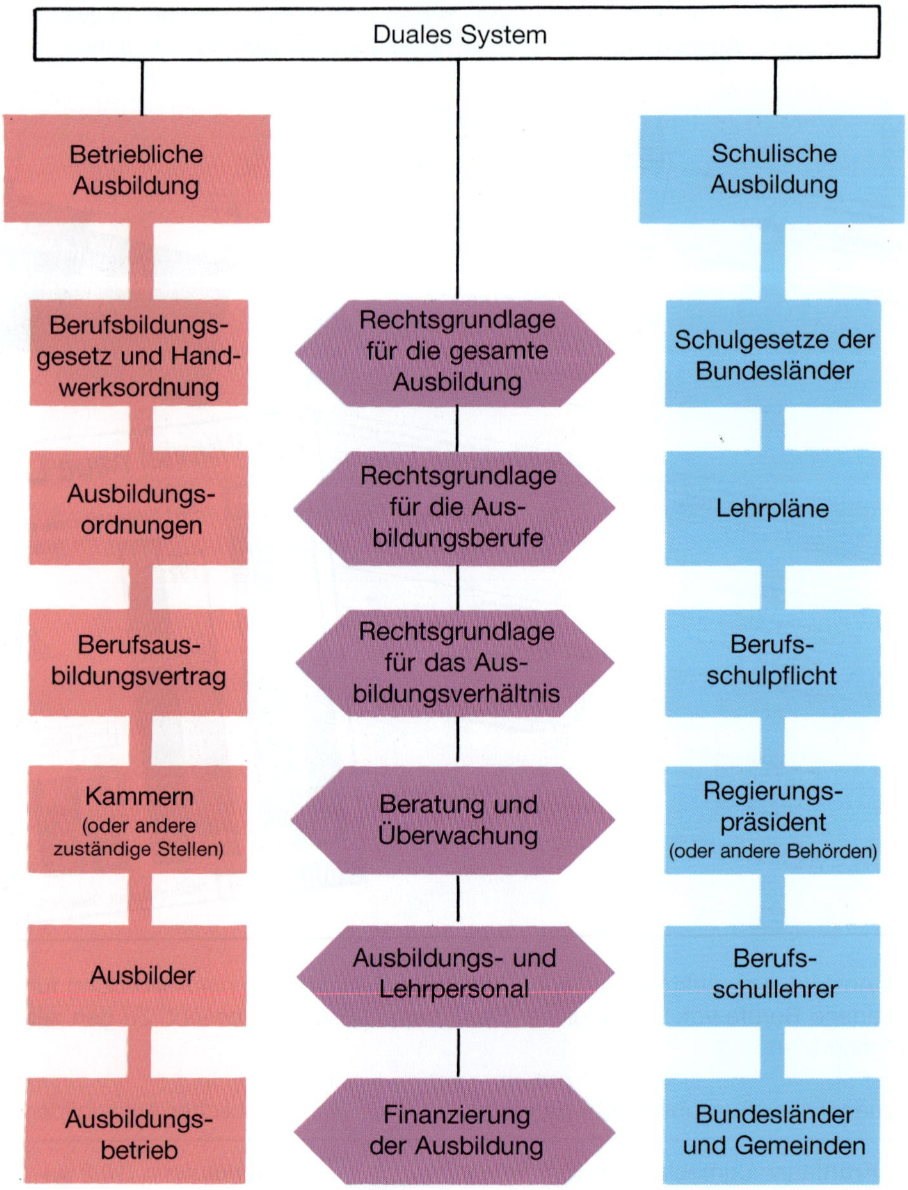


Jeder Betrieb kann entscheiden, wie er die vorgeschriebenen Fertigkeiten und Kenntnisse am besten vermittelt und was er für eine zukunftsorientierte Ausbildung zusätzlich aufnimmt. Er muß so eingerichtet sein, daß die Vermittlung der vorgeschriebenen Fertigkeiten und Kenntnisse in vollem Umfang gewährleistet ist. Vor allem hat er dafür zu sorgen, daß die Möglichkeit besteht, auf technologische Veränderungen schnell zu reagieren.

*Ordnen Sie zu!*

Welche Texte passen zu welchen Feldern in der Grafik?

Jedem Unternehmen steht es frei, ob es ausbilden will. Wer ausbilden will, muß nicht nur bestimmte sachliche und personelle Voraussetzungen erfüllen, sondern auch alle Kosten tragen.

Lehrer mit Hochschulabschluß sind für den theoretischen, Lehrer mit Ausbilderqualifikation für den fachpraktischen Unterricht zuständig.

Für den schulischen Bereich ist allein der Staat zuständig. Er übt seine Fachaufsicht durch nachgeordnete Behörden aus.

Der Vertrag zwischen Betrieb und dem/der Auszubildenden legt u. a. den Beginn und die Dauer der Ausbildung, die Ausbildungsvergütung sowie Rechte und Pflichten fest.

Die Ausbildung der einzelnen Berufe ist durch Ausbildungsordnungen bundeseinheitlich geregelt.

Es gibt auf Bundesebene abgestimmte Rahmenlehrpläne (Ausbildungsvorschriften).

In der Bundesrepublik Deutschland sind die Bundesländer für das Schulwesen zuständig (Kulturhoheit).

Für die verschiedenen Wirtschaftszweige und Berufsgruppen gibt es Kammern, z. B. die Handwerkskammer, die Industrie- und Handelskammer, die Landwirtschaftskammer und die Kammern der verschiedenen freien Berufe.

In den Handwerksbetrieben übernehmen in der Regel die Meister die Ausbildung. Nach dem Berufsbildungsgesetz müssen Ausbilder für ihre Aufgabe persönlich und fachlich geeignet sein.

Die Rahmenbedingungen für die betriebliche Ausbildung sind durch das Berufsbildungsgesetz bundeseinheitlich festgelegt. Im Handwerksbereich kommt noch die Handwerksordnung hinzu.

Schulträger sind in der Regel die Gemeinden; sie erhalten hierfür zusätzliche Mittel des Landes.

Für alle Jugendlichen gilt bis zum vollendeten 18. Lebensjahr eine Teilzeitschulpflicht.

*Diskutieren Sie mit Ihrem/Ihrer Partner(in) das duale Berufsbildungssystem!*

Wie ergänzen sich schulische und betriebliche Ausbildung? Welche Schwerpunkte haben sie? Wie arbeiten sie zusammen? Was spricht für (PRO) dieses System, was dagegen (CONTRA)?

| PRO | CONTRA |
|---|---|
| Theoretische und praktische Ausbildung ergänzen sich. | Besser ist die Ausbildung in einer Hand, z. B. einer polytechnischen Schule. |
| Der Betrieb kann besser als eine Schule in der Praxis ausbilden; er ist näher am wirklichen Leben. | Für den Betrieb sind die Auszubildenden doch nur billige Arbeitskräfte. |
| Die Schule kann neben dem fachlichen Teil auch die Allgemeinbildung der Auszubildenden fördern. | Es gibt Probleme, die Ausbildungsziele von Schule und Betrieb aufeinander abzustimmen. |

# Personal: Leitende und ausführende Funktionen

Nach dem Rang der Mitarbeiter unterscheiden wir:

- leitende Arbeitskräfte
- ausführende Arbeitskräfte

Leitende Angestellte setzen Ziele, entscheiden, setzen Entscheidungen durch (d.h. sie veranlassen Mitarbeiter zur Ausführung) und kontrollieren die Ergebnisse.

Ausführende Arbeitskräfte führen Entscheidungen aus und geben durch Rückmeldung der Ergebnisse die Möglichkeit zur Kontrolle.

Die Zahl der Führungskräfte wird nach oben immer geringer, so daß sich das Bild der Pyramide ergibt.

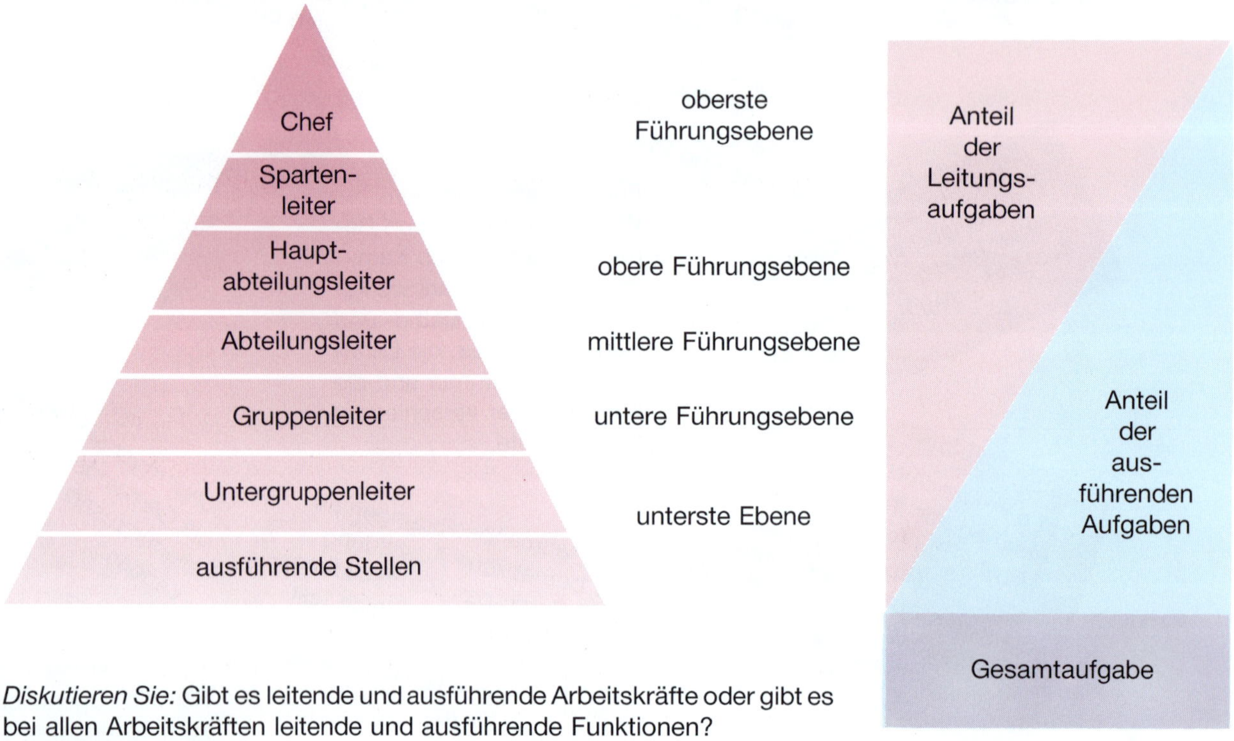


*Diskutieren Sie:* Gibt es leitende und ausführende Arbeitskräfte oder gibt es bei allen Arbeitskräften leitende und ausführende Funktionen?

## je – desto
## je – um so

*KOMPARATIV-KONJUNKTIONEN*

Je höher der Rang des Mitarbeiters (ist),
desto größer ist der Leitungsanteil.
Je mehr Werbung das Unternehmen macht,
um so bekannter werden seine Produkte.

*Stellen Sie Vergleiche fest, und benutzen Sie* ***je – desto*** *oder* ***je – um so****!*

Die Berufsausbildung (ist) besser. –
Die Berufsaussichten sind größer.
Die Lieferzeiten (sind) kürzer. –
Mehr Maschinen können ausgeliefert werden.
Die Montagearbeiter machen mehr Überstunden. –
Die Maschine wird früher fertig.

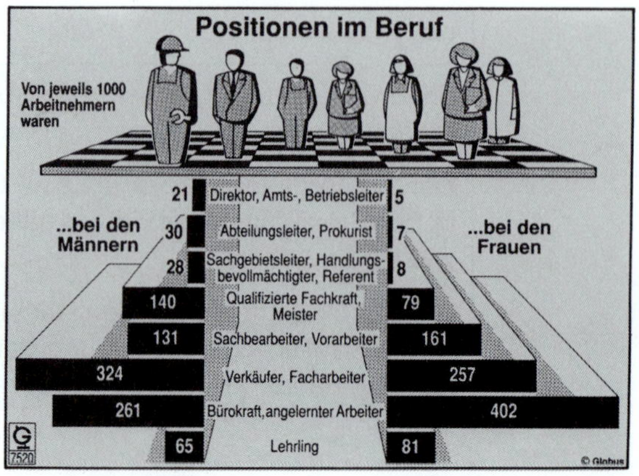

# Das Vorstellungsgespräch

## Teil 1

Herrn Stolz kennen wir bereits. Er hat sich mittlerweile entschlossen, sich um die Stelle als Ingenieur bei der Fa. Lang zu bewerben. Heute kommt er zu einem Vorstellungsgespräch nach Fürth.

Frau Vogel ist Personalsachbearbeiterin. Sie sitzt im Vorzimmer von Frau Maiwald. Zu ihr kommt Herr Stolz zunächst.

*Herr Stolz:* Guten Tag. Ich habe ein Vorstellungsgespräch bei Frau Maiwald. Mein Name ist Stolz.

*Frau Vogel:* Guten Tag, Herr Stolz. Nehmen Sie bitte einen Moment Platz!

Nach zehn Minuten bittet Frau Maiwald Herrn Stolz herein.

*Frau Maiwald:* Guten Tag, Herr Stolz.

*Herr Stolz:* Guten Tag, Frau Maiwald.

*Frau Maiwald:* Kommen Sie herein! Entschuldigen Sie bitte die kleine Verzögerung. Ich hatte noch ein dringendes Telefongespräch. Bitte nehmen Sie Platz!

*Herr Stolz:* Danke sehr.

*Frau Maiwald:* Hatten Sie eine angenehme Reise?

*Herr Stolz:* Ja, danke.

*Frau Maiwald:* Und haben Sie uns gleich gefunden?

*Herr Stolz:* Kein Problem. Ich bin mit dem ICE nach Nürnberg gekommen und habe mir vom Bahnhof aus gleich ein Taxi genommen.

*Frau Maiwald:* Na prima. Also, Herr Stolz, Sie haben unsere Anzeige gelesen und uns geschrieben. Wie Sie wissen, suchen wir Ingenieure für unsere Konstruktionsabteilung. Kennen Sie eigentlich unsere Firma?

*Herr Stolz:* Ja, bei meiner jetzigen Firma stehen auch einige Ihrer Prägemaschinen, die in der Fertigung eingesetzt werden. Daher ist mir Ihre Firma ein Begriff.

*Frau Maiwald:* Herr Stolz, natürlich stelle ich Ihnen die übliche Frage: Warum wollen Sie die Stelle wechseln?

*Herr Stolz:* Mich reizt die Tätigkeit in Ihrer Firma. Ich meine, daß Sie Produkte herstellen, die einen zukunftsträchtigen und interessanten Markt haben. Besonders reizt mich die Mitarbeit in der Konstruktion, weil ich in meiner jetzigen Tätigkeit in der Fertigungskontrolle eingesetzt bin, in der ich fast nur Routinearbeit mache.

*Frau Maiwald:* Ja, eine interessante Tätigkeit werden Sie sicher bei uns finden. Aber darüber wird Ihnen Herr Mitter noch Genaueres sagen. Er leitet unser Konstruktionsbüro für Prägemaschinen und müßte gleich hier sein.

*Herr Stolz:* Auf das Gespräch mit ihm bin ich schon gespannt.

*Frau Maiwald:* Ich habe außerdem veranlaßt, daß Sie nachher einen kleinen Rundgang durch den Betrieb machen können, bei dem Sie Herr Mitter begleiten wird. Er wird Ihnen auch Ihren möglichen neuen Arbeitsplatz zeigen.

*Herr Stolz:* Ja, das interessiert mich sehr.

*Frau Maiwald:* Aber vielleicht sollten wir uns, bevor Herr Mitter kommt, schon einmal über die Arbeitsbedingungen und unsere Leistungen unterhalten.

*Herr Stolz:* Ja, gerne.

*Frau Maiwald:* Wir zahlen übertariflich; über das endgültige Gehalt unterhalten wir uns nach dem Gespräch mit Herrn Mitter. Üblich sind bei uns ein 13. Monatsgehalt und Urlaubsgeld.

*Herr Stolz:* Und wie steht es mit der Arbeitszeit?

*Frau Maiwald:* Wir haben Gleitzeit, die Sie zwischen 7.00 Uhr und 17.00 Uhr wählen können, bei z. Zt. 38 Wochenstunden. Überstunden können wahlweise als freie Tage genommen oder bezahlt werden.

*Herr Stolz:* Und wie ist die Urlaubsregelung? Haben Sie feste Betriebsferien?

*Frau Maiwald:* Betriebsferien haben wir nicht. Sie können Ihre Urlaubszeit in Absprache mit Herrn Mitter festlegen. Die Dauer ist altersabhängig; bei Ihnen sind das jetzt 30 Tage. Wir haben außerdem noch eine Reihe von Sozialleistungen, die sich nach der Dauer der Betriebszugehörigkeit richten.

*Herr Stolz:* Wie sieht es mit der Weiterbildung aus?

*Frau Maiwald:* Wir haben sowohl firmeninterne als auch externe Weiterbildung. Unser Verband führt eine Reihe von Weiterbildungsveranstaltungen durch; außerdem erwarten wir, daß Sie sich auch selbst auf dem laufenden halten. Die relevanten Fachzeitschriften haben wir abonniert.

*Herr Stolz:* Ja, natürlich. Schließlich möchte ich die Stelle auch wegen der Aufstiegschancen hier wechseln.

*Frau Maiwald:* Da gibt es bei uns als einem expandierenden Unternehmen sicher gute Möglichkeiten.

*Herr Stolz:* Wer ist übrigens mein direkter Vorgesetzter?

*Frau Maiwald:* Das ist Herr Mitter. Er muß gleich kommen. Beim fachlichen Teil muß er ohnehin unbedingt dabeisein.

Das Vorstellungsgespräch dient dazu, daß beide Seiten (Arbeitgeber und Arbeitnehmer) soviel wie möglich voneinander erfahren.

*Erstellen Sie eine Liste mit den Informationen, die die beiden Gesprächspartner, Frau Maiwald und Herr Stolz, übereinander herausgefunden haben!*

Durch welche sprachlichen Mittel werden Informationsfragen gestellt oder der Gesprächspartner zu Reaktionen herausgefordert?

Wer ist in der Gesprächsführung zurückhaltender und wer dominiert das Gespräch?

Welche Vorschläge haben Sie (für Herrn Stolz / für Frau Maiwald), das Gespräch vorteilhafter zu gestalten bzw. durch gezielte Fragen wichtige Informationen zu erhalten?

Welche Fragen halten Sie für wichtig?

- Stellenbeschreibung: Aufgaben und Arbeitsgebiet / Art der Tätigkeit
- Arbeitsplatz (allein / mit mehreren in einem Raum / Großraumbüro)
- mögliche Arbeitskollegen
- Arbeitsstil in der Firma (Teamarbeit, hierarchische Ordnung, individuelle Arbeit usw.)
- Über- bzw. Unterordnung im Betrieb / Vollmachten
- Aufstiegschancen in der Firma
- Möglichkeiten der beruflichen Weiterbildung
- Arbeitsentgelt (Lohn / Gehalt, tarifliche Einstufung, sonstige Bezüge, Zuschläge für Überstunden)
- bezahlte / unbezahlte Dienstbefreiung
- Dienstreisen
- Arbeitszeitregelung
- Urlaubsregelung
- Sozialleistungen des Unternehmens (Umzugskosten, Hilfe bei der Wohnungssuche, Fahrgeld, Essenszuschuß, Vermögensbildung, Altersversorgung / Betriebsrente usw.)
- Vorschriften über Sicherheit und Ordnung im Betrieb
- Beginn des Arbeitsverhältnisses
- Dauer der Probezeit
- Kündigungsfristen
- Nebentätigkeitsregelung
- Konkurrenzverbot
- Erfindungen / Patente

Welche Ratschläge geben Sie einem Freund, der zu einem Vorstellungsgespräch eingeladen ist?

Verlang etwas mehr Gehalt! Sie werden dich sowieso runterhandeln.

Schreib dir alles auf beim Vorstellungsgespräch!

Frage, wenn du etwas nicht verstehst!

Laß dir den Betrieb genau zeigen!

Meckere nicht über deine alte Firma!

Stell keine Fragen!

Bedanke dich für die Einladung!

Zeig, was du kannst!

Lehne Alkohol und Zigaretten ab, wenn sie dir angeboten werden!

Zieh deinen besten Anzug an!

Rede nur, wenn du gefragt wirst!

Als Ingenieur kannst du ruhig auch in Jeans kommen!

Warte, bis sie dir einen Stuhl anbieten!

Sag bloß nicht, daß dir dein jetziger Job nicht gefällt!

# Das Vorstellungsgespräch

## Teil 2

*Herr Mitter:* Ich habe ebenfalls Ihre Bewerbungsunterlagen gelesen. Sie haben also die Fachhochschule als Maschinenbau-Ingenieur absolviert.

*Herr Stolz:* Ja, ich habe meine Ausbildung zum Maschinenbau-Ingenieur an der Fachhochschule Dortmund 1981 abgeschlossen.

*Herr Mitter:* Sagen Sie uns etwas über Ihre jetzige Tätigkeit! Wie wir Ihrer Bewerbung entnehmen konnten, arbeiten Sie seit einigen Jahren in der Fertigung.

*Herr Stolz:* Unmittelbar nach Beendigung meines Studiums fand ich den Einstieg in die Fertigung eines großen Industriebetriebes, der Dieselmotoren und hydraulische Getriebe herstellt. Als Assistent der Fertigungsleitung bin ich mit einem Team für die fachliche und funktionelle Überwachung der Fertigung von Dieselmotoren zuständig.

*Frau Maiwald:* Ihre Tätigkeit als Assistent der Fertigungsleitung klingt interessant. Eigentlich ist die Mitarbeit als Assistent ein Sprungbrett für spätere Führungsaufgaben. Möchten Sie das wirklich aufgeben?

*Herr Stolz:* Meine Neigung galt schon immer der Konstruktion. Leider fand ich nach dem Studium keine geeignete Stelle. Die jetzige Tätigkeit in der Fertigung befriedigt mich nicht sehr. Wir arbeiten im Team, die Aufgaben übernehmen mehrere Ingenieure gemeinsam. Die jungen Ingenieure erhalten deshalb vorwiegend die Routinearbeiten.

*Herr Mitter:* Nun, Herr Stolz, vielleicht sind Sie etwas zu ungeduldig. – Aber jetzt wollen wir über unser Stellenangebot sprechen. Wir suchen einen tüchtigen Mitarbeiter für unsere Konstruktionsabteilung. Das Aufgabengebiet umfaßt die Konstruktion und Projektierung von Spezialmaschinen. Wir werden bei unserem Rundgang durch den Betrieb auch die Konstruktionsbüros aufsuchen. Ich werde Sie anhand laufender Projekte und Pläne über unsere Aufgaben informieren. Außerdem möchten wir uns gerne über Ihre CAD-Kenntnisse unterhalten. Ich schlage vor, daß wir uns jetzt auf den Weg machen.

*Frau Maiwald:* Herr Stolz, hier gebe ich Ihnen noch eine schriftliche Zusammenstellung unserer Sozialleistungen. Wir werden Ihnen in ca. zwei bis drei Wochen unsere Entscheidung mitteilen.

*Herr Stolz:* Ich danke Ihnen und hoffe, daß Ihre Entscheidung positiv für mich ausfällt.

*Frau Maiwald:* Vielen Dank für Ihren Besuch. Sie hören wieder von uns.

*Herr Mitter:* Ich komme später noch mal bei Ihnen vorbei, Frau Maiwald.

Wofür interessiert sich Herr Stolz?
Welche Fragen stellt Frau Maiwald, welche Herr Mitter?
Würden Sie Herrn Stolz einstellen? (Warum / Warum nicht?)
Was wollen Sie (als Arbeitnehmer) von einer Firma wissen, wenn Sie dort arbeiten wollen?
Was wollen Sie (als Arbeitgeber) von einem möglichen neuen Mitarbeiter wissen?

### Wie war's denn?

Nach dem Vorstellungsgespräch ruft Herr Stolz seine Frau an: „Hallo Gabi, ich bin's. Ich komme gerade von der Firma Lang. Es ist alles gut gelaufen. Ich hab' mir vom Bahnhof aus direkt ein Taxi genommen und war pünktlich um elf Uhr in der Firma. Dort habe ich . . .“

*Führen Sie das Gespräch fort und erzählen Sie, was Herr Stolz heute gemacht hat!*
*Übernehmen Sie die Rollen von Herrn und Frau Stolz!*

Es ist eine für Sie wichtige Entscheidung gefallen.
Ihr(e) Partner(in) wartet auf einen Anruf.
*Telefonieren Sie mit ihm/ihr!*

## Die Betriebsbesichtigung

Übernehmen Sie die Rolle von Herrn Mitter und führen Sie Herrn Stolz durch den Betrieb!

Lager
Qualitätskontrolle
Verkauf
Forschung + Entwicklung
Testlabor
Arbeitsvorbereitung
Verwaltung
Materialwirtschaft
Versand
Buchhaltung
Einkauf
Marketing
Registratur
Technik
Absatzlogistik
Montage
Fertigung
Produktion
Sicherheit
Werbung

### sch, ch

*SCH-LAUT UND CH-LAUT*

*Sprechen Sie nach:* kritisch, Geschäft, Gesellschaft, schon, möglich, gleichzeitig, wichtig, China.

*Welchen Laut hören Sie:* ***sch*** *oder* ***ch****?*

| | 1 | 2 | 3 | 4 | 5 | 6 | 7 | 8 | 9 |
|---|---|---|---|---|---|---|---|---|---|
| sch-Laut | ☐ | ☐ | ☐ | ☐ | ☐ | ☐ | ☐ | ☐ | ☐ |
| ich-Laut | ☐ | ☐ | ☐ | ☐ | ☐ | ☐ | ☐ | ☐ | ☐ |

## der, das, die, denen welch-

*RELATIVPRONOMEN*

| | MASKULIN | NEUTRUM | FEMININ | PLURAL |
|---|---|---|---|---|
| NOMINATIV | der<br>welcher | das<br>welches | die<br>welche | die<br>welche |
| AKKUSATIV | den<br>welchen | das<br>welches | die<br>welche | die<br>welche |
| DATIV | dem<br>welchem | dem<br>welchem | der<br>welcher | denen<br>welchen |

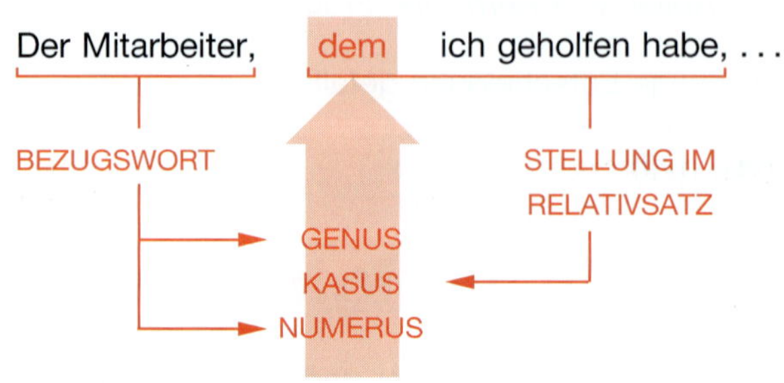


## ⬡–⬡, ⬡–⬡ *RELATIVSATZ*

Herr Lang leitet eine Firma.
Die Firma hat ihren Sitz in Fürth.

Herr Lang leitet eine Firma, die ihren Sitz in Fürth hat.

Ein leitender Angestellter ist ein Arbeitnehmer.
Er übt Arbeitgeberfunktionen aus.

Ein leitender Angestellter ist ein Arbeitnehmer, der Arbeitgeberfunktionen ausübt.

Herr van Beeken ist Vertriebsleiter.
Herrn van Beeken holt der Fahrer am Flughafen ab.

Herr van Beeken, den der Fahrer am Flughafen abholt, ist Vertriebsleiter.

*Verbinden Sie die beiden Sätze zu einem Hauptsatz mit einem Relativsatz!*

Herr Stolz ist Ingenieur. Die Fa. Lang hat ihn zu einem Vorstellungsgespräch eingeladen.
Er arbeitet jetzt in einem Unternehmen in Hannover. Es stellt Dieselmotoren her.
Wie heißt der Mitarbeiter? Er war in Wien.
Der Ingenieur ist gekommen. Wir haben ihn zum Vorstellungsgespräch eingeladen.
Verbinden Sie mich mit der Firma! Wir haben ihr vor einem Monat ein Angebot gemacht.
Wer war dieser Herr? Sie haben ihn gerade gegrüßt.
Da ist schon die Antwort von dem Bewerber. Wir haben ihm vorige Woche geschrieben.
Geben Sie mir nochmal den Brief! Ich habe ihn gestern diktiert.

## mit dem, ohne den<br>für die, nach denen

*RELATIVSATZ MIT PRÄPOSITION*

Herr Klein war bei der Fa. Sturm.

Von ihr erhielt Lang einen neuen Auftrag.

Herr Klein war bei der Fa. Sturm, von der Lang einen neuen Auftrag erhielt.

Ein freier Mitarbeiter ist ein Selbständiger.

Mit ihm hat das Unternehmen einen Dienstvertrag abgeschlossen.

Ein freier Mitarbeiter ist ein Selbständiger, mit dem das Unternehmen einen Dienstvertrag abgeschlossen hat.

*Verbinden Sie die beiden Sätze zu einem Hauptsatz mit einem Relativsatz!*

Ich kenne die Fa. Lang. Bei uns in der Fertigung stehen auch Prägemaschinen von ihr.
Wann kommt der Vertreter? Wir wollen eine Maschine bei ihm bestellen.
Das Flugzeug hat Verspätung. Mit dem Flugzeug wollten wir nach Madrid fliegen.
Ich rufe schnell Herrn Mitter. Ohne ihn will ich das Gespräch nicht führen.

*Suchen Sie im folgenden Text die Relativsätze!*

*Markieren Sie die Relativsätze und diskutieren Sie, wie die Relativsätze Begriffe erläutern können!*

# Teamfähige Talente

**Personalchef Wolfgang Fürniß erläutert, welches Profil die SAP von Bewerbern erwartet.**

Bei den Fachrichtungen, die SAP einstellt, gibt es eine klare Prioritätenliste. „In erster Linie werden Wirtschaftsinformatiker, Wirtschaftswissenschaftler, Informatiker, aber auch Mathematiker, Physiker, Maschinenbauingenieure oder Elektroingenieure gesucht", sagt Fürniß. Um zu beschreiben, was er von künftigen Mitarbeitern erwartet, wählt Fürniß einen wenig präzisen Begriff, der aber zum Image der jungen Softwarebranche gehört: „Wir suchen Talente, in denen viel Potential steckt." Was die Firma unter Talenten versteht, das macht sie anhand von unterschiedlichen Kriterien deutlich, nach denen Bewerber ausgewählt werden. An erster Stelle stehen Diplomnote, an der das fachliche Können gemessen wird, und außeruniversitäre Aktivitäten, die eine Aussage über das Engagement der Bewerber erlauben sollen. „Bei gleicher Leistung schauen wir darauf, was die Bewerber neben dem Studium gemacht haben, ob sie etwa nebenher gearbeitet oder sich gesellschaftlich engagiert haben", so Fürniß. Ferner achtet das Unternehmen auf Studiendauer, Auslandsaufenthalte und eine möglicherweise absolvierte Berufsausbildung. Auch die gewählte Fächerkombination oder Zusatzqualifikationen wie ein Doktortitel kann - abhängig von der zu besetzenden Stelle - von Vorteil sein. Gern gesehen werden Bewerber, die SAP-Produkte kennen oder schon ein Praktikum im Unternehmen absolviert haben. „Auf diesem Weg sind schon viele zu uns gekommen", erläutert Fürniß.

In den Vorstellungsgesprächen versucht SAP auch herauszufinden, ob die Bewerber teamfähig sind. Denn Teamfähigkeit gehört, neben der fachlichen Qualifikation, zu den wichtigsten Anforderungen. „Nicht der Lonesome worker ist bei uns gefragt, sondern ein Mitarbeiter, der sich in eine Gruppe einbringen kann",erläutert der Personalchef.

Nach welchen Kriterien wählt Herr Fürniß seine Bewerber aus? Zählen Sie Stichpunkte auf!

## was

*RELATIVPRONOMEN – INDEFINIT*

Wir schauen darauf, was die Bewerber neben dem Studium gemacht haben.
Um zu beschreiben, was er von künftigen Mitarbeitern erwartet, wählt Fürniß einen wenig präzisen Begriff.

## dessen, deren

*RELATIVPRONOMEN IM GENITIV*

| | MASKULIN | NEUTRUM | FEMININ | PLURAL |
|---|---|---|---|---|
| GENITIV | dessen | dessen | deren | deren |

Die Firma hat ein weltweites Vertriebsnetz.

Ihre Produkte sind international gefragt.

Die Firma, deren Produkte international gefragt sind, hat ein weltweites Vertriebsnetz.

Das Unternehmen stellt Prägefolien her.

Der Sitz des Unternehmens ist in Bayern.

Das Unternehmen, dessen Sitz in Bayern ist, stellt Prägefolien her.

*Verbinden Sie die beiden Sätze zu einem Hauptsatz mit einem Relativsatz!*

SAP ist ein großes Unternehmen. Die Umsätze des Unternehmens sind in den letzten Jahren stark gestiegen.
Wie heißt die Dame? Ihre Bewerbung ist gestern gekommen.
Wir kennen die Fa. Siemens. Ihre Steuerungsmodule werden in Prägemaschinen verwendet.
Herrn Stolz reizt die Tätigkeit bei der Fa. Lang. Die Produkte der Firma haben einen zukunftsträchtigen Markt.
Kennen Sie den Herrn? Seine Tätigkeit liegt im Bereich der Konstruktion.
Jeder Mitarbeiter hat Urlaub. Die Dauer des Urlaubs ist altersabhängig.

## mit dessen
## für deren

*RELATIVSATZ IM GENITIV MIT PRÄPOSITIONEN*

Die Firma ist kein Großunternehmen.

Mit den Mitarbeitern dieser Firma wurde ein neuer Tarifvertrag abgeschlossen.

Die Firma, mit deren Mitarbeitern ein neuer Tarifvertrag abgeschlossen wurde, ist kein Großunternehmen.

Die Firma gehört einem Verband an.

An seinen Weiterbildungsveranstaltungen können die Mitarbeiter teilnehmen.

Die Firma gehört einem Verband an, an dessen Weiterbildungsveranstaltungen die Mitarbeiter teilnehmen können.

*Verbinden Sie die beiden Sätze zu einem Hauptsatz mit einem Relativsatz!*

Die Fa. Lang ist ein mittelständisches Unternehmen. Auf die Produkte dieses Unternehmens können die Mitarbeiter stolz sein.
Wie heißt der neue Mitarbeiter? Von seiner Einstellung habe ich erst gestern erfahren.
Daimler-Benz ist ein großer Konzern. Zu seinen Tochterunternehmen gehört auch AEG-Telefunken.
Ich habe ein Studium an der Fachhochschule begonnen. Nach Beendigung des Studiums erhalte ich ein Diplom.

*INTONATION*

Sie stellen Produkte her, die einen zukunftsträchtigen und interessanten Markt haben.

In meiner jetzigen Tätigkeit bin ich in der Fertigungskontrolle eingesetzt,

in der ich fast nur Routinearbeit mache.

Wir haben Gleitzeit, die Sie zwischen sieben und siebzehn Uhr wählen können.

Wir haben außerdem noch eine Reihe von Sozialleistungen,

die sich nach der Dauer der Betriebszugehörigkeit richten.

# Personal: Arbeiter und Angestellte

Nach der arbeitsrechtlichen Stellung unterscheiden wir

- Arbeiter
- Angestellte
- Freie Mitarbeiter
- Auszubildende
- Leitende Angestellte
- Beamte (nur im öffentlichen Dienst)

Angestellte sind Arbeitnehmer, die vorwiegend geistige Arbeit leisten. Sie sind meist in gehobenen Stellungen (Meister) oder höheren Stellungen (Ingenieure) im technischen Bereich tätig. Ferner gehören zu den Angestellten alle Mitarbeiter im kaufmännischen Bereich und solche mit Bürotätigkeit.

Als Leitende Angestellte gelten Geschäftsführer, Prokuristen, Betriebsleiter und ähnliche leitende Personen, die Generalvollmacht oder Prokura haben, die selbständig Arbeitnehmer einstellen oder entlassen dürfen und die für den Bestand und die Entwicklung des Unternehmens oder eines Betriebs Entscheidungen maßgeblich beeinflussen oder frei von Weisungen treffen können. Sie sind arbeitsrechtlich Arbeitnehmer. Da sie aber Arbeitgeberfunktionen wahrnehmen, gelten für sie Sondervorschriften (keine Arbeitszeitordnung, kein Kündigungsschutz).

Arbeiter sind Arbeitnehmer, die vorwiegend körperliche Arbeit leisten. Im technischen Bereich sind es die Mitarbeiter mit rein ausführender Tätigkeit sowie im Bürobereich solche, die mit Botengängen, Aufräumen, Reinigung und ähnlichen Dingen beschäftigt sind.

Beamte sind Arbeitnehmer, die ausschließlich im Öffentlichen Dienst sowie in den Unternehmen des Bundes (z. B. Post und Bahn und in Einrichtungen der Länder (z. B. Schulen und Polizei) und der Kommunen) beschäftigt sind. Eine ähnliche Stellung haben Richter und Berufssoldaten.

Auszubildende sind ebenfalls Arbeitnehmer. Sie wurden eingestellt, um in einem staatlich anerkannten Ausbildungsberuf die notwendigen Kenntnisse und Fertigkeiten zu erwerben.

Freie Mitarbeiter sind rechtlich keine Arbeitnehmer, sondern Selbständige, die durch einen Dienstvertrag an ein Unternehmen gebunden sind. Unternehmensberater und Ingenieure, Grafiker und Designer, Werbefachleute und Journalisten arbeiten häufig als freie Mitarbeiter.

⇨ Wo vermuten Sie mehr Angestellte als Arbeiter?

| | | |
|---|---|---|
| Industrie | Handel | Baugewerbe |
| Banken | Handwerk | Versicherungen |
| Transport | Bergbau | Gastronomie |
| Zeitung | ... | ... |

⇨ In welchen dieser Bereiche gibt es einen höheren Anteil an freien Mitarbeitern?

⇨ *Machen Sie eine Tabelle mit allen Merkmalen, die Ihnen bekannt sind!*

| | Art der Tätigkeit, Tätigkeitsbereiche, vorwiegende Branche, Alter, Rang usw. |
|---|---|
| Arbeiter<br>Angestellte<br>Auszubildende<br>Leitende Angestellte<br>Beamte<br>Freie Mitarbeiter | |

# Marketingplanung für das neue Geschäftsjahr

Bei der Firma Lang ist es üblich, sich am Ende eines Geschäftsjahres zusammenzusetzen, um die Unternehmensplanung für das kommende Geschäftsjahr zu erarbeiten. Herr Lang führt viele gemeinsame Geschäftsbesprechungen, aber auch eine Reihe von Einzelgesprächen mit den einzelnen Fachbereichsleitern z. B. für Produkt, Vertrieb, Finanzen und Marketing.
Heute sitzt Herr Lang mit Herrn Hoffmann, dem neuen Marketingleiter der Firma, zusammen. Sie planen die Marketing-Aktivitäten für das kommende Jahr. Dabei geht es besonders um den Folienbereich.
Prägefolien der Firma Lang bilden die Oberflächendekoration für viele Produkte.

Welcher Kundenkreis muß bei Marketingmaßnahmen für den Folienbereich berücksichtigt werden? Welche Marketingmaßnahmen würden Sie der Firma empfehlen?

*Hören Sie das Gespräch zwischen Herrn Lang und Herrn Hoffmann!*

*Ergänzen Sie die Dialogskizze!*

**Lang:** / **Hoffmann:**

Hoffmann: Marktaktivitäten verbessern
2 Produktgruppen aus dem Folienbereich

Lang: Unternehmen schnell gewachsen
......

Hoffmann: Firma erfolgreich

Lang: Folien: keine Konsum- oder Investitionsgüter
......

Hoffmann: veränderte Problemstellung?

Lang: 70er Jahre: .....
heute: .....

Hoffmann: veränderte Anforderungen an das Marketing?

Lang: Vergangenheit: .....
heute: .....

Hoffmann: Vorschläge:
Marktanalyse
......

Lang: ......

*Erklären Sie die unterstrichenen Wörter und Teilsätze!*

Im Folienbereich scheint es keine Aktivitäten gegeben zu haben.
Viele Entscheidungen wurden improvisiert.
Im Folienbereich geht es nicht um Konsum- oder Investitionsgüter.
Die Firma Lang ist Zulieferer für verschiedene Industrien.
Einer ihrer Schwerpunkte ist heute die Absicherung der Märkte und die Optimierung bestehender Verfahren.
Die derzeitigen Präsentationsmittel werden diesem Anspruch nicht gerecht.
Im Vergleich zu konventionellen Dekorationstechniken hat das Verfahren wirtschaftliche Vorteile.
Herr Hoffmann will sich umgehend mit dem zuständigen Produktmanager abstimmen.
Er will für die Werbeplanung den Werbeleiter hinzuziehen.

# Zwei Werbeanzeigen für Konsumgüter

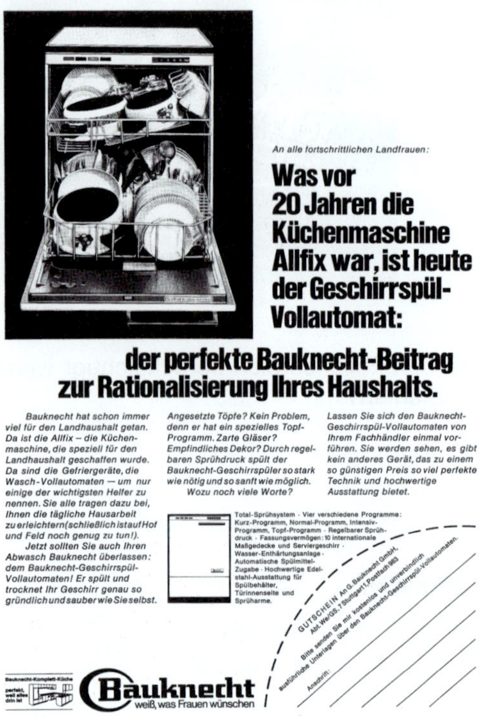


Anzeige I

Anzeige II

Beide Werbeanzeigen stammen von der Firma Bauknecht.
Anzeige I ist ungefähr 30 Jahre älter als Anzeige II.

*Versuchen Sie, die beiden Anzeigen zu beschreiben!*
Welche Einzelheiten können Sie erkennen?

*Beschreiben Sie dann den Unterschied der Bilder!*

Sie können von folgenden Fragen ausgehen:
- Welches Produkt ist dargestellt?
- Wie groß ist es dargestellt?
- Wie wird Farbe verwendet?
- Sind Personen mit dem Produkt zusammen abgebildet?
- Wie ist die Beziehung zwischen Person und Produkt dargestellt?
- Wie ist das Verhältnis zwischen Bild und Text?
- Welche Anzeige ist nach Ihrer Meinung heute wirksamer?
- Welche Anzeige gefällt Ihnen besser?

*Formulieren Sie nun die Unterschiede in Sätzen!*

Sie können dafür folgende Redemittel verwenden:

*Redemittel für die Beschreibung eines Gegensatzes:*

**Im Vergleich zu** Anzeige I **ist** Anzeige II ...
**Im Unterschied zu** Anzeige I **hat** Anzeige II ...

| | |
|---|---|
| Anzeige I **ist** ... | **Aber** Anzeige II **ist** |
| Anzeige I **ist** ... | **Dagegen (hingegen) ist** ... |
| Anzeige I **ist** ... | **Im Gegensatz dazu ist** ... |
| **Während** Anzeige I ... **ist**, | **ist** Anzeige II ... |
| Anzeige I **ist** ... | **als** Anzeige II |

*Können Sie Gründe dafür nennen, daß sich Werbeanzeigen in den letzten Jahrzehnten so verändert haben? Bilden Sie Sätze nach folgendem Beispiel!*

Werbeanzeigen haben sich so stark verändert, weil aus einem Verkäufermarkt ein Käufermarkt geworden ist.
Werbeanzeigen haben sich stark verändert. Denn aus einem Verkäufermarkt ist ein Käufermarkt geworden.
Aus einem Verkäufermarkt ist ein Käufermarkt geworden. Deshalb haben sich die Werbeanzeigen stark verändert.
Werbeanzeigen haben sich stark verändert. Der Grund dafür ist, daß aus einem Käufermarkt ein Verkäufermarkt geworden ist.
Aus einem Käufermarkt ist ein Verkäufermarkt geworden. Die Folge davon ist, daß Werbeanzeigen sich stark verändert haben.

# Werbung und Marketing

Die Bedingungen für die Kommunikation haben sich in den letzten Jahrzehnten sehr verändert. Diese Veränderungen werden deutlich, wenn man Werbung aus den 60er Jahren mit der Werbung von heute vergleicht. Dabei wird in den meisten Branchen ein starker Trend zu weniger Text und mehr Bild sichtbar. Ein Hauptgrund dafür ist ein ständig steigendes Angebot an Informationen. Dieses Angebot steigt vor allem dadurch, daß neue Anbieter von Informationen und neue Medien hinzukommen.

Der wichtigste Grund für die veränderte Werbung ist aber die Sättigung des Marktes, die auf vielen Gebieten eingetreten ist. Mit zunehmender Sättigung des Marktes wurde die Konkurrenz stärker und die Kunden wurden wählerischer. Deswegen war eine Umorientierung der Unternehmen notwendig. Der „Marketing-Gedanke" wurde entwickelt (Marketing – „zum Markt bringen"). Unter dem Begriff Marketing werden alle Maßnahmen verstanden, die ein Unternehmen trifft, um sich einen Markt zu schaffen, ihn zu erhalten und zu vergrößern. Eine veränderte Werbung ist eine dieser Maßnahmen.

*Markieren Sie die Kernwörter im zweiten Textabschnitt!*

*Stellen Sie fest, welche Informationen für Sie wichtig/neu sind.*

*Schreiben Sie aus den Kernwörtern ein Texttelegramm!*

Bedingungen für Kommunikation verändert
Hauptgrund: ständig steigendes Angebot
...

## INFINITIV + d

*PARTIZIP I*

ein ständig steigen<u>des</u> Angebot
mit zunehmen<u>der</u> Sättigung

*Bilden Sie das Partizip I von folgenden Verben:*
fallen, abnehmen, sich entwickeln, sich vergrößern, produzieren

*Erklären Sie folgende Substantive näher! Setzen Sie auch den Artikel!*
Firma (werben) – die werbende Firma

Anbieter (hinzukommen); Konkurrenz (zunehmen); Marktbedingungen (sich verändern); Sättigung des Marktes (eintreten); Werbung (provozieren); Slogan (sich einprägen).

*Vor dem Partizip können zusätzliche Informationen stehen:*
Firma (mit Erfolg werben) – die mit Erfolg werbende Firma

Konkurrenz (immer mehr zunehmen); Marktbedingungen (sich schnell verändern);
Werbung (die Adressaten provozieren); Slogan (sich gut einprägen)

*Sie können diese nähere Erklärung auch durch einen Relativsatz ausdrücken:*
Ein <u>ständig steigendes Angebot ist</u> ein Grund für modernes Marketing.
Ein <u>Angebot, das ständig steigt, ist</u> ein Grund für modernes Marketing.
Ein <u>ständig steigendes Angebot war</u> der Grund für eine Umorientierung der Unternehmen.
Ein <u>Angebot, das ständig stieg, war</u> der Grund für die Umorientierung der Unternehmen.

*Formen Sie die Attribute in einen Relativsatz um:*
Die <u>konkurrierenden</u> Unternehmen sind immer zahlreicher.
Die <u>konkurrierenden</u> Unternehmen waren immer zahlreicher.
Der <u>stärker werdende</u> Wettbewerb erfordert neue Strategien.
Der <u>stärker werdende</u> Wettbewerb erforderte neue Strategien.

## diese, dabei, dafür

*WIEDERAUFNAHME*

Die Bedingungen für die Kommunikation haben sich in den letzten Jahren stark verändert.
↑
**Diese Veränderungen** werden deutlich, wenn man Werbung aus den 60er Jahren mit der Werbung von heute vergleicht.
↑
**Dabei** wird in den (= bei diesem Vergleich) meisten Branchen ein starker Trend zu weniger Information und mehr Bild sichtbar.
↑
Ein Hauptgrund **dafür** ist ein ständig steigendes Angebot an Informationen.
↑
**Dieses Angebot** steigt vor allem dadurch, daß neue Anbieter von Informationen und neue Medien hinzukommen.

*Welche Aufgabe haben die fettgedruckten Wörter?*
*Wann sind Formen mit **dies-**, wann mit **da-** gewählt?*

*Fügen Sie in folgenden (Lücken)text verbindende Wörter ein!*

dafür, diese(r/s), darüber, dazu

Marketingmaßnahmen müssen eine sichere Grundlage haben. Voraussetzung ______ ist die genaue Kenntnis von Marktveränderungen. Informationen ______ können mit Hilfe verschiedener Methoden eingeholt werden. Eine ______ Methoden, wohl die wichtigste, ist eine systematische Marktforschung oder Marktanalyse. ______ hat zwei Formen: Primärforschung (z. B. auf der Basis von Fragebögen und Interviews) und Sekundärforschung (Auswertung der betrieblichen Daten). ______ sind Statistiken aus allen Bereichen des Betriebs notwendig.

# Marktforschung

## Fragebogen der Zeitschrift „test“ – Ein Beispiel für Marktforschung

Die Stiftung Warentest ist eine Organisation, die den Verbraucher über die objektiven Vorteile und Nachteile angebotener Produkte informieren will. So vergleicht sie z. B. Kühlschränke verschiedener Firmen nach bestimmten Kriterien (z. B. Preis, Leistung, Energieverbrauch) und spricht ein Werturteil aus (sehr gut bis mangelhaft). Ihr Publikationsorgan ist die Zeitschrift „test“. Aber auch die Zeitschrift „test“ ist ein Produkt, das vermarktet werden muß. Sie ist auf Leser angewiesen und treibt deshalb Marktforschung, um die Wünsche der Leserkunden genauer zu erfahren. Basis dafür ist ein vierseitiger Fragebogen.

*Beurteilen Sie die einzelnen Punkte!*

Folgende Fragen helfen Ihnen dabei:
- Welchen Zweck hat die Einleitung?
- Welchen Zweck verfolgen die Kästchen („Ankreuzmethode“)?
- Warum stellt „test“ die Fragen 1, 3, 4, 7, 8, 9, 10?
- Warum kann man für Frage 7 nicht die „Ankreuzmethode“ wählen?

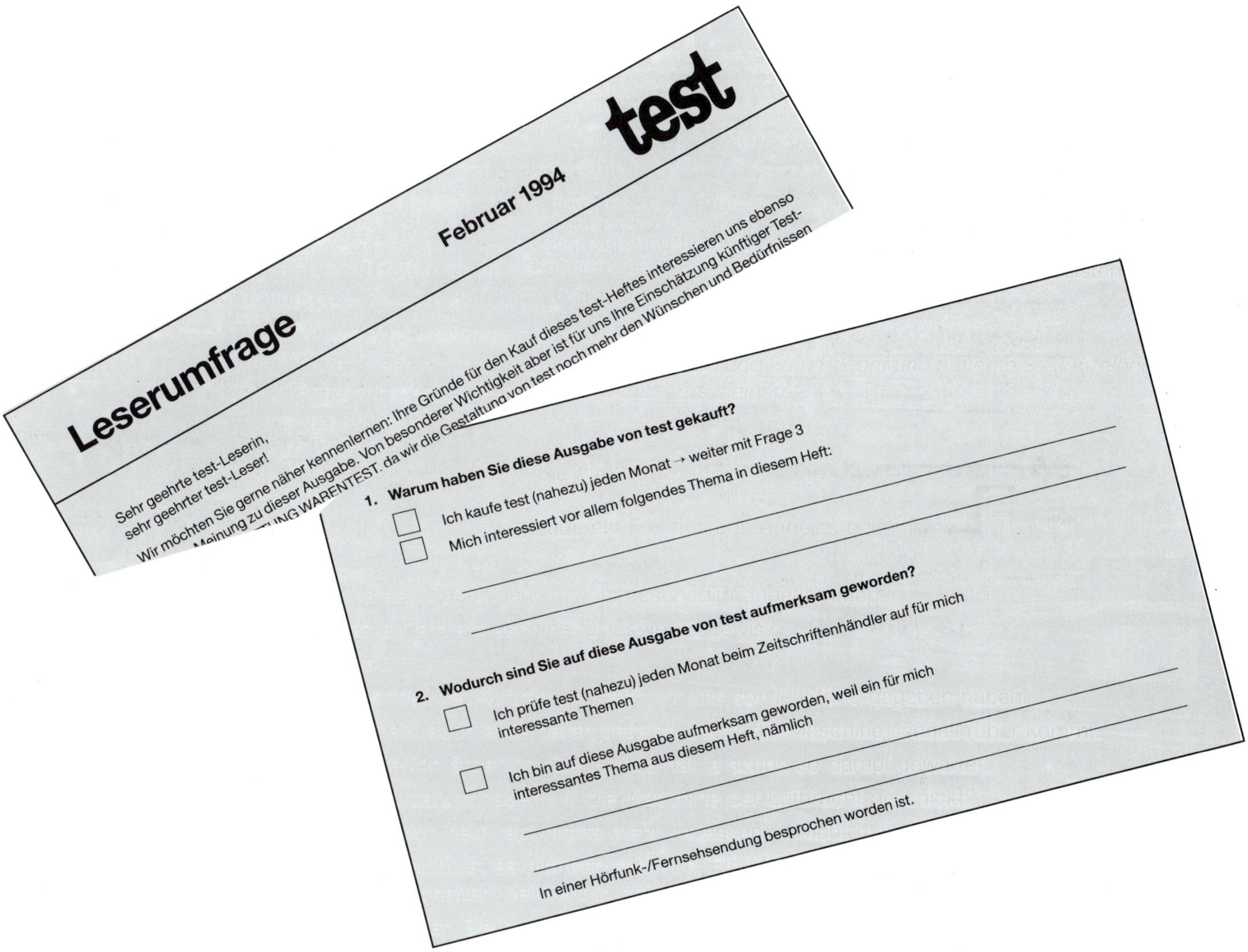

test

Februar 1994

Leserumfrage

Sehr geehrte test-Leserin,
sehr geehrter test-Leser!
Wir möchten Sie gerne näher kennenlernen: Ihre Gründe für den Kauf dieses test-Heftes interessieren uns ebenso ... Meinung zu dieser Ausgabe. Von besonderer Wichtigkeit aber ist für uns Ihre Einschätzung künftiger Test- ... STIFTUNG WARENTEST, da wir die Gestaltung von test noch mehr den Wünschen und Bedürfnissen ...

**1. Warum haben Sie diese Ausgabe von test gekauft?**

☐ Ich kaufe test (nahezu) jeden Monat → weiter mit Frage 3

☐ Mich interessiert vor allem folgendes Thema in diesem Heft:

______________________________

______________________________

**2. Wodurch sind Sie auf diese Ausgabe von test aufmerksam geworden?**

☐ Ich prüfe test (nahezu) jeden Monat beim Zeitschriftenhändler auf für mich interessante Themen

☐ Ich bin auf diese Ausgabe aufmerksam geworden, weil ein für mich interessantes Thema aus diesem Heft, nämlich

______________________________

______________________________

In einer Hörfunk-/Fernsehsendung besprochen worden ist.

**Wir gehen im folgenden davon aus, daß Sie die für Sie wichtigen Artikel des Februar-Heftes gelesen haben!**

**3. Nehmen Sie sich jetzt bitte einmal das Februar-Heft von test vor und sehen Sie es sich Seite für Seite durch. Kreuzen Sie in der folgenden Liste alle Beiträge an, die Sie bisher schon gelesen haben.**

**Beurteilen Sie bitte dann noch diesen Beitrag nach dem Nutzen, den Sie daraus ziehen konnten. Dabei gilt:**

1 = sehr geringer oder kein Nutzen
2 = geringer bis mittlerer Nutzen
3 = mittlerer Nutzen
4 = mittlerer bis hoher Nutzen
5 = (sehr) hoher Nutzen

| | | Beitrag gelesen | Nutzen aus diesem Beitrag 1 | 2 | 3 | 4 | 5 |
|---|---|---|---|---|---|---|---|
| S. 3 | Liebe Leser | | | | | | |
| S. 6 | Aktuell | | | | | | |
| S. 11 | Umwelt + Energie | | | | | | |
| S. 12 | Blickpunkt Europa | | | | | | |
| S. 13 | Leser fragen | | | | | | |
| S. 14 | Hausratversicherung: Wer zahlt am besten? | | | | | | |
| S. 17 | Autofinanzierung: Kredit statt Leasing | | | | | | |
| S. 19 | Steuerbescheide: Achtung Fehler | | | | | | |
| S. 22 | Gebrauchtwagenpreise: Matt ohne Kat | | | | | | |
| S. 24 | Reisen mit der Bahn: Wenn's beim Service hapert | | | | | | |
| S. 26 | Interaktive CD: Scheibchenweise | | | | | | |
| S. 28 | Test: Videorecorder (Komfort zum Sparpreis) | | | | | | |
| S. 34 | Test: Videorecorder-Kundendienst (München) | | | | | | |
| S. 38 | Test: Farb-Notebooks (Bunte Kraftpakete) | | | | | | |
| S. 45 | Test: Maschinen-Geschirrspülmittel | | | | | | |
| S. 56 | Test: Schlagbohrmaschinen | | | | | | |

**4. Nun geht es um künftige Testvorhaben der STIFTUNG WARENTEST. Wir wollen einmal annehmen, eine zukünftige Ausgabe von test hätte die nachstehend näher beschriebenen Themen zum Inhalt. Bitte kreuzen Sie jeweils an, ob der Beitrag für Sie sehr interessant, eher interessant, eher uninteressant oder völlig uninteressant wäre.**

| | sehr interessant | eher interessant | eher uninteressant | völlig uninteressant |
|---|---|---|---|---|
| **HiFi-Videorecorder**<br>HiFi-Videorecorder sind nicht die meistverkauften. Wer aber auf guten Ton wert legt, kommt nicht um ein solches Modell herum. Ist bei diesen teuren Geräten auch die Bildqualität entsprechend besser? | | | | |
| **Gasheizkessel**<br>Neben Gas-Spezialheizkesseln unterschiedlicher Bauart finden Gas-Brennwertgeräte immer mehr Käufer. Die energiesparenden Brennwertkessel nutzen zusätzlich die Wärme in den Abgasen zum Heizen. | | | | |
| **Schlüsseldienste**<br>Schlüsseldienste: Wie seriös, effektiv und zuverlässig arbeiten sie. Was muß der Verbraucher bei der Berechnung beachten? | | | | |
| **Receiver**<br>Das Kombigerät aus Verstärker und Tuner ist praktisch, weil man mit ihm Platz und Kabelverbindungen spart. Außerdem kommt ein Receiver meist billiger als die entsprechenden Einzelbausteine. Aber kann er auch qualitativ mit den getrennten Komponenten konkurrieren? | | | | |
| **Mundspüllösungen**<br>Laut Werbung sollen sie die Entfernung von Zahnbelag fördern und auch gegen Parodontose vorbeugen. Halten diese Reinigungshilfen das, was versprochen wird? | | | | |
| **Möbel für Bildschirmarbeitsplätze**<br>Ein Schreibtisch über Eck mit Rollcontainer dazu – das ist an vielen Computer-Arbeitsplätzen Standard und nicht eben ...lig. Doch entsprechen Qualität und Erweiterungsmöglich- ...reis und sind die Kabel von Beleuchtung und PC | | | | |

**5. Neben den Warentests werden in der Zeitschrift test auch allgemeine Verbraucherprobleme aus dem Konsumentenalltag behandelt. Sehen Sie sich doch einmal die folgende Liste an und kreuzen Sie die <u>drei</u> Probleme an, bei denen Sie persönlich eine Hilfestellung durch einen Bericht in „test" begrüßen würden.**

- ☐ Kann man sich auf Angaben wie DEMETER oder BIOLAND für Lebensmittel aus dem kontrolliert ökologischen Landbau verlassen?
- ☐ Was kann man bei Produktbestellungen tun, wenn die bestellten Waren nicht geliefert werden?
- ☐ Was soll man von den verschiedenen Gütesiegeln bei Textilien halten, mit denen auf eine besondere Umwelt- und Gesundheitsverträglichkeit hingewiesen wird?
- ☐ Wie kann man bestrahlte Lebensmittel erkennen? (Möglichkeiten einer Produkt-Kennzeichnung)
- ☐ In welchen Urlaubsländern ist man sicher?
- ☐ Vor- und Nachteile eines Automatik-Getriebes beim Auto
- ☐ Wirken sich die Bodenunterschiede (z. B. zwischen Ost- und Westdeutschland) auf die Düngung und die Schadstoffe in den Lebensmitteln aus?
- ☐ Wie kann man den technischen Zustand der Öltanks für die Heizungsanlage kontrollieren?
- ☐ Welche Vor- und Nachteile haben Auto-Waschanlagen im Vergleich zur Handwäsche (Lackpflege, Umwelteinwirkungen)?
- ☐ Welche Reinigungsmittel im Haushalt (z. B. Fensterreiniger, Möbelpflegemittel) sind entbehrlich bzw. können durch Allzweckmittel ersetzt werden?

**6. Haben Sie (oder jemand aus Ihrem Haushalt) in der Vergangenheit schon einmal test im Abonnement bezogen?**

☐ Ja, für ungefähr ____ Jahr(e) ☐ Nein

**7. Wenn Sie (oder jemand aus Ihrem Haushalt) schon einmal test-Abonnent waren: Warum wurde das Abonnement abbestellt?**

______________________________

______________________________

**8. Wieviele Personen lesen, Sie selbst eingeschlossen, regelmäßig in ihrem test-Heft?**

____ Personen davon ____ männlich davon ____ weiblich

**9. Wenn Sie einmal das Durchschnittsalter der Personen ausrechnen, die Ihr test-Heft regelmäßig lesen, in welche Altersgruppe gehören diese Personen dann?**

☐ bis 19 Jahre ☐ 30 bis 39 Jahre ☐ 50 bis 59 Jahre
☐ 20 bis 29 Jahre ☐ 40 bis 49 Jahre ☐ 60 bis 69 Jahre
☐ 70 Jahre und älter

**10. Leben Sie in den neuen Bundesländern oder in den alten Bundesländern?**

☐ Neue Bundesländer ☐ alte Bundesländer

Ein wichtiger Teilbereich der Marktforschung ist die sogenannte **Bedarfsforschung**. Sie sammelt Informationen über die tatsächlichen und möglichen Nachfrager. Die Bedarfsforschung umfaßt:

**Tatsachenforschung**
z. B. tatsächliche Käufer, mögliche Käufer; deren Geschlecht, Alter, soziale Stellung

**Motivforschung**
Welche Gründe haben die Kunden dafür, dieses Produkt zu kaufen? Welchen Nutzen bringt es ihnen?

**Meinungsforschung**
Wofür/wie oft wird das Produkt gebraucht? Welche Wünsche an das Produkt haben die Kunden? Welche Kritikpunkte?

Zu welchem der drei Begriffe gehören die einzelnen Fragen von „test"?

Ein Unternehmen wählt statt des Fragebogens die Interviewmethode.

Wie müßten dann die Fragen formuliert sein?

Welche Reihenfolge ist Ihrer Meinung nach sinnvoll?

*Spielen Sie Teile dieses Interviews mit Ihrem Partner!*

**ob** *INDIREKTE FRAGE*

| **Direkte Frage:** | **Indirekte Frage:** |
|---|---|
| Stiftung Warentest will wissen: Warum haben Sie diese Ausgabe von „test“ gekauft? | Stiftung Warentest will wissen, warum Sie diese Ausgabe von „test“ gekauft haben. |
| Stiftung Warentest will wissen: Leben Sie in den neuen Bundesländern? | Stiftung Warentest will wissen, ob Sie in den neuen Bundesländern leben. |

*Bilden Sie indirekte Fragesätze!*

Stiftung Warentest fragt: „Zu welcher Altersgruppe gehören die Leser?“
Stiftung Warentest interessiert sich: „Warum haben Sie das Abonnement abbestellt?“
Der Interviewer informiert sich: „Sind die Verkaufszahlen im vergangenen Monat gestiegen?“
Der Zeitschriftenhändler fragt: „Hat die Kundin „test“ rechtzeitig bekommen?“
Der Redakteur erkundigte sich: „Hatte die letzte Ausgabe von „test“ genug interessante Themen?“

# Marketing-Mix

Zu einem erfolgreichen Marketing gehören eine Vielzahl von Marketingmaßnahmen, die in einem Zusammenhang stehen.

*Welche der folgenden Begriffe gehören zu den Marketingmaßnahmen, die in der Grafik genannt sind? Ordnen Sie zu!*

Rabatte, Messe, Serviceleistungen, große Produktpalette, Kundenbesuch, Werbeanzeigen, Schiffsweg, Franchising, Spenden, Qualität, Großhandel, LKW, Logistik, Kataloge, Luftfracht, Design

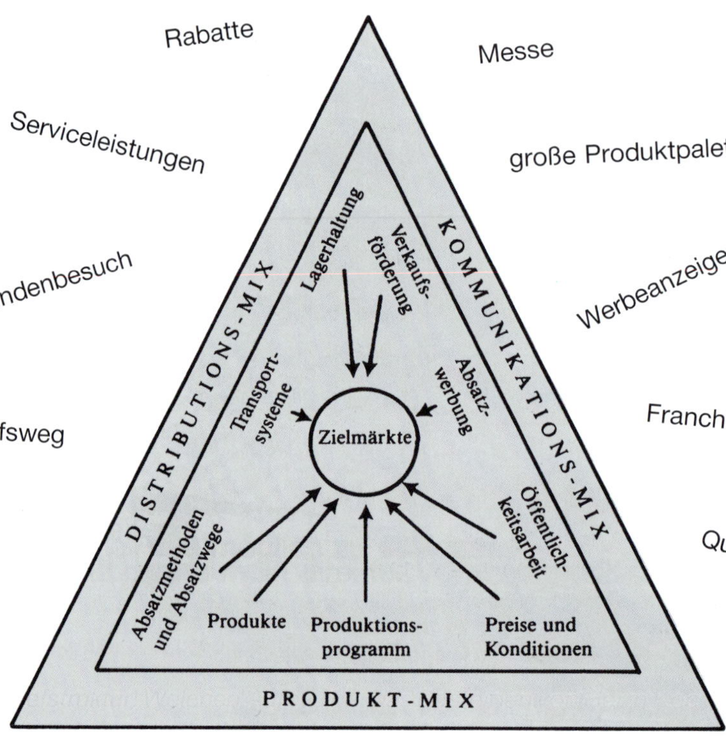

## Marketing für Traktionsbatterien

*Beschreiben Sie die Bilder!*
Welche Aufgaben hat ein Gabelstapler?

*Hören Sie nun das Gespräch mit dem Vertriebsassistenten einer Firma, die Traktionsbatterien herstellt! Die folgenden Stichworte führen Sie durch den Text. Lesen Sie diese beim ersten Hören mit!*

Firma – Tochter eines Konzerns – Hauptsitz England – Vertriebsgesellschaft
Montageabteilung: Zusammensetzung der Batterie aus Trog und Zellen
relativ kleine Zielgruppen – für diese unbedingt notwendig
Qualitätskriterien: Zuverlässigkeit, Lebensdauer
Hannovermesse: Vorstellung eines neuen Produkts:
Zwischenstufe zwischen wartungsarmer und wartungsfreier Batterie
Preisfrage
Kundendienst (Service)
Vertriebssystem: Großhändler und Endkunden
Wünsche: größerer Fuhrpark und mehr Personal im Außendienst

*Sammeln Sie Fragen zu wichtigen Wörtern und Informationen zu den Stichworten!*

*Hören Sie den Text noch einmal!*

*Welche Informationen passen zu den Begriffen?*

**Kommunikationspolitik:**
- Werbung
- PR-Arbeit

**Produktpolitik:**
- Qualität
- Gestaltung des Produkts
- Preise, Konditionen, Kundenservice

**Distributionspolitik:**
- Vertrieb
- Transport

*Ordnen Sie zu!*

| | |
|---|---|
| Produkt | tätig sein |
| Rabatte | angewiesen sein |
| vom Preis her | zugestehen |
| Sonderkonditionen | spielen |
| auf Spediteure | tätig sein |
| Batterien | darauf legen |
| eine Rolle | aufladen |
| für eine Zielgruppe | vorstellen |
| in der Abteilung | einräumen |
| Wert | interessant sein |

## wenn + KONJUNKTIV II

*KONJUNKTIV II (HYPOTHETISCHER KONJUNKTIV)*

*Der Vertriebsassistent sagt:*
**Grund:**
Unser Fuhrpark ist veraltet.

**Folge:**
Wir können keine Werbung auf der Autobahn machen.

*Er kann auch anders sagen:*
**Bedingung:**
Wenn unser Fuhrpark nicht veraltet wäre,

**Folge:**
könnten wir auf der Autobahn Werbung machen.

*Er sagt:*
**Grund:**
Wir haben zu wenig Servicetechniker.

**Folge:**
Unsere Kunden rufen dauernd an.

*Er kann auch sagen:*
**Bedingung:**
Wenn wir nicht zu wenig Servicetechniker hätten,

**Folge:**
riefen unsere Kunden nicht dauernd an oder würden unsere Kunden nicht dauernd anrufen.

komme

GEGENWART — ich komme — ich käme

VERGANGENHEIT — ich kam

## -e, -en, -est, -et
## würde + INFINITIV

*KONJUNKTIV II DER VOLLVERBEN*

| | | | STARKE VERBEN OHNE UMLAUT | STARKE VERBEN MIT UMLAUT | SCHWACHE VERBEN | ALLE VERBEN AUSSER HILFSVERBEN UND MODALVERBEN | ENDUNG |
|---|---|---|---|---|---|---|---|
| SINGULAR | 1. PERSON | ich | riefe | käme | machte | würde machen | -e |
| | 3. PERSON | er<br>es<br>sie | riefe | käme | machte | würde kommen | -e |
| | | du | riefest | kämest | machtest | würdest rufen | -est |
| | 2. PERSON | Sie | riefen | kämen | machten | würden machen | -en |
| PLURAL | | ihr | riefet | kämet | machtet | würdet rufen | -et |
| | 3. PERSON | sie | riefen | kämen | machten | würden kommen | -en |
| | 1. PERSON | wir | riefen | kämen | machten | würden machen | -en |
| **!** | | | | | brächt-<br>dächt- | | |

a → ä
o → ö
u → ü

-e, -est
-en, -et

*KONJUNKTIV II DER MODAL- UND HILFSVERBEN*

| | | | HILFSVERBEN | | | MODALVERBEN | | ENDUNG |
|---|---|---|---|---|---|---|---|---|
| | | | sein | haben | werden | MIT UMLAUT | OHNE UMLAUT | |
| SINGULAR | 1. PERSON | ich | wäre | hätte | würde | könnte | wollte | -e |
| | 3. PERSON | er<br>es<br>sie | wäre | hätte | würde | müßte | sollte | -e |
| | 2. PERSON | du | wärest | hättest | würdest | möchtest | wolltest | -est |
| | | Sie | wären | hätten | würden | dürftest | sollten | -en |
| PLURAL | | ihr | wäret | hättet | würdet | möchtet | wollten | -et |
| | 3. PERSON | sie | wären | hätten | würden | müßten | sollten | -en |
| | 1. PERSON | wir | wären | hätten | würden | könnten | wollten | -en |

a → ä u → ü o → ö

*Bilden Sie den Konjunktiv II von folgenden Verbformen!*

er sagt, sie sprechen, ich bleibe, Sie bitten, wir sind, ihr denkt,
ihr könnt, sie hat, wir lassen, du mußt, du wirst eingeladen,
man darf, sie beschließen, es gelingt, er nimmt

*Gebrauchen Sie in folgenden Sätzen den hypothetischen Konjunktiv!*

Die Batterie ist nicht funktionsfähig. Wir können den Gabelstapler nicht einsetzen.
Wenn die Batterie funktionsfähig ..., ...

Der Techniker kommt morgen nicht. Wir haben Produktionsausfall.
Wenn der Techniker ...

Das Werk schickt uns keine Ersatzbatterie. Wir gehen zur Konkurrenz.
Wenn ...

*Welche Grund-Folge-Verhältnisse erkennen Sie in folgenden Sätzen?*

Wenn man den Kundendienst immer rechtzeitig riefe (rufen würde), gäbe (würde) es keine Engpässe in der Produktion (geben).
Man ruft den Kundendienst nicht ...

Wenn das Werk eigene LKWs hätte, müßte man nicht Speditionen mit dem Transport beauftragen.
Das Werk hat keine ...

Wenn wir mehr Endkunden hätten, gingen die Gewinne nicht zurück.
Wir haben ...

## hätte, wäre

*VERGANGENHEIT DES KONJUNKTIVS II*

Wenn er nicht ein guter Kunde gewesen wäre, hätten wir ihm keinen so hohen Rabatt einräumen können.
(Er war ein guter Kunde. Wir konnten ihm einen hohen Rabatt einräumen.)
Wenn der Servicetechniker diese Information gehabt hätte, wäre er rechtzeitig gekommen.
(Er hatte die Information nicht. Er kam nicht rechtzeitig.)

| | VERGANGENHEIT INDIKATIV | VERGANGENHEIT KONJUNKTIV II |
|---|---|---|
| er | war (!) ...<br>ist ... gewesen<br>war ... gewesen | wenn ... gewesen wäre |
| sie | hatten (!) ...<br>haben ... gehabt<br>hatten ... gehabt | wenn ... gehabt hätten |
| wir | konnten (!) ... machen<br>haben ... machen können<br>hatten ... machen können | wenn ... hätten machen können |
| Sie | wurden (!) ... angerufen<br>sind ... angerufen worden<br>waren ... angerufen worden | wenn ... angerufen worden wären |

*Bilden Sie die Vergangenheit des Konjunktivs II!*

du warst; sie riefen; er wurde eingeladen; die Batterien sind bestellt worden; er konnte anrufen; wir machten Werbung; ich mußte die Ware bestellen

*Bilden Sie folgende Sätze mit Hilfe des hypothetischen Konjunktivs!*

Der Umsatz war in diesem Jahr befriedigend. Wir konnten auf Werbung verzichten.
Wenn der Umsatz in diesem Jahr nicht befriedigend ...,

Wir mußten Großkunden viele Sonderkonditionen zugestehen. Die Gewinne waren niedrig.
Wenn wir nicht ... viele Sonderkonditionen hätten ...

Die Batterie hatte nicht die passende Farbe. Der Kunde schickte sie zurück.
Wenn die Batterie die passende Farbe ...,

## doch nur + KONKUNKTIV II

*WUNSCH*

Wenn der Umsatz doch besser wäre! (Er ist nicht gut.)
Wenn wir doch mehr produziert hätten! (Wir haben zu wenig produziert.)

*Wünschen Sie etwas!*

Sie haben nicht genug verkauft. Wenn wir doch mehr ...
Das Flugzeug hat Verspätung.
Der Geschäftsabschluß war nicht befriedigend.
Die Bank ist geschlossen.
Die Maschine war so teuer.
Der Kollege hatte einen Unfall.
Herr Lang ruft mich nicht an.

*Formulieren Sie (erfüllbare und nicht erfüllbare) persönliche Wünsche!*

# Das Werbebudget der Firma Lang

Herr Hoffmann, Marketingleiter und verantwortlich für die Werbeabteilung, hat eine Besprechung mit Herrn Nürnberger einberufen, um mit ihm das Werbebudget für das kommende Jahr festzusetzen. Herr Nürnberger ist zuständig für Planung und Durchführung von Werbemaßnahmen.

Werbebudget: Planung des Werbeleiters

| | |
|---|---|
| **Messeaktivitäten** | 1 000 TDM |
| – Kunststoffmesse Düsseldorf | 400 TDM |
| – 10 weitere Messen | 600 TDM |
| **Insertionen** | 100 TDM |
| **Prospektmaterial** | 300 TDM |
| – Standardkataloge | 150 TDM |
| – sonstiges Prospektmaterial | 150 TDM |
| **Verkaufsveranstaltungen im Hause** | 50 TDM |
| **Werbegeschenke** | 20 TDM |
| **Reservebudget für ungeplante Aktionen** | 100 TDM |

Wenn Sie die einzelnen Posten addieren, können Sie feststellen, daß die von der Geschäftsleitung zugestandene Gesamtsumme von 1.500 TDM wesentlich überschritten ist. Einzelne Posten müssen also reduziert werden. Allgemein muß über Sparmöglichkeiten diskutiert werden.

Welche Sparvorschläge können Sie der Firma Lang machen?
Welche Posten sollen Ihrer Meinung nach gekürzt werden?

*Hören Sie den Text!*

*Vergleichen Sie Ihre Vorschläge mit den Überlegungen von Herrn Hoffmann und Herrn Nürnberger!*

Bei welchen Posten stimmt Hoffmann den Vorschlägen Nürnbergers zu?
Bei welchen Posten setzt Hoffmann eine neue Summe fest?
Welche Einsparungsmöglichkeiten bringt Hoffmann, welche Nürnberger ins Gespräch?

*Welche Verben passen zu den Substantiven? Bilden Sie kurze Sätze!*

| | |
|---|---|
| das Werbebudget | ansetzen für + AKKUSATIV |
| (die) Mittel (PLURAL) | einholen |
| der Budgetwert | ausgeben für + AKKUSATIV |
| das Prospektmaterial | erhöhen (von – um – auf) |
| die Position | verringern (von – um – auf) |
| die Kosten (PLURAL) | absegnen |
| Marktpräsenz | verlieren |
| der Auftrag / Aufträge | planen für + AKKUSATIV |
| Insertionen (PLURAL) | einsparen |
| das / ein Vergleichsangebot | bleiben unter + DATIV |
| | auskommen mit + DATIV |
| | festsetzen |
| | garantieren |
| | vergeben |

# Werbung: Zahlen und Formen

**Rangfolge der Medieninvestitionen**

| **Branchen Rangfolge 1993** | 1993 Mio. Mark | 1992 Mio. Mark | Vergleich 1993/1992 in Prozent | Rangfolge 1992 |
|---|---|---|---|---|
| 1. Automarkt | 1833 | 1548 | +18,4 | 1 |
| 2. Handelsorganisationen | 1564 | 1118 | +39,9 | 2 |
| 3. Massenmedien | 1039 | 878 | +18,4 | 3 |
| 4. Schokolade + Süßwaren | 473 | 661 | +12,4 | 4 |
| 5. Pharmazie-Publikumswerbung | 687 | 603 | +13,9 | 5 |
| 6. Banken + Sparkassen | 662 | 589 | +12,4 | 6 |
| 7. Bier | 511 | 452 | +13,2 | 8 |
| 8. EDV-Hard-/Software + Services | 503 | 497 | +1,1 | 7 |
| 9. Körperschaften | 484 | 404 | +19,8 | 9 |
| 10. Konserven + Fleisch + Fisch | 460 | 395 | +16,5 | 10 |
| 11. Kaffee, Tee, Kakao | 443 | 360 | +23,1 | 12 |
| 12. Waschmittel | 422 | 334 | +26,2 | 14 |
| 13. Spezial-Versender | 407 | 369 | +10,2 | 11 |
| 14. Milchprodukte | 373 | 299 | +24,6 | 15 |

*Vergleichen Sie die Entwicklung 1992/1993!*

Welche Branchen haben sehr viel mehr/mehr/gleich viel/etwas weniger in Medienwerbung investiert?

*Sie können folgende Redemittel verwenden:*

in Medienwerbung investieren
die Investition in Medienwerbung beträgt (betrug)
die Milliardengrenze überschreiten (überschritt)
an der Spitze liegen (lag)

an erster/zweiter/letzter Stelle stehen (stand)
den ersten/einen mittleren Platz einnehmen (nahm ein)
einen Zuwachs/Rückgang von ... um ... (%) auf ... haben
zunehmen (nahm zu)

steigen (stieg) von ... um ... (%) auf ...
(die Ausgaben) steigern
abnehmen (nahm ab)
sinken (sank) von ... um ... (%) auf .../(fast) unverändert bleiben (blieb)

**Werbeinvestitionen I. Quartal 1994**

| Medien | I. Quartal 1994 Mio. Mark | I. Quartal 1993 Mio. Mark | Veränderung in % | Mediamix I. Quartal 1994 in % | Veränderung in % | Mediamix I. Quartal 1993 in % | davon neue Bundesländer I. Quartal 1994 Mio. Mark | I. Quartal 1993 Mio. Mark | Veränderung in % |
|---|---|---|---|---|---|---|---|---|---|
| Publikumszeitschriften | 1329,9 | 1290,2 | 3,1 | 27,0 | −1,6 | 28,6 | 69,8 | 80,4 | −13,2 |
| Zeitungen | 1252,5 | 1132,1 | 10,6 | 25,4 | 0,3 | 25,1 | 172,2 | 144,4 | 19,3 |
| Fachzeitschriften | 180,5 | 187,7 | −3,8 | 3,7 | −0,5 | 4,2 | – | – | – |
| Fernsehen | 1698,2 | 1552,4 | 9,4 | 34,5 | 0,1 | 34,4 | 14,9 | 24,4 | −38,9 |
| öffentlich-rechtlich | 333,2 | 509,4 | −34,6 | 6,8 | −4,5 | 11,3 | – | – | – |
| privat | 1364,9 | 1042,9 | 30,9 | 27,7 | 4,6 | 23,1 | – | – | – |
| Hörfunk | 346,6 | 289,1 | 19,9 | 7,0 | 0,6 | 6,4 | 38,1 | 33,9 | 12,4 |
| öffentlich-rechtlich | 187,2 | 191,4 | −2,2 | 3,8 | −0,4 | 4,2 | – | – | – |
| privat | 159,3 | 97,7 | 63,1 | 3,2 | 1,1 | 2,2 | – | – | – |
| Plakat | 116,7 | 60,0 | 94,5 | 2,4 | 1,0 | 1,3 | 10,1 | −10,2 | −1,0 |
| **Insgesamt** | **4924,5** | **4511,5** | **9,2** | **100,0** | **–** | **100,0** | **305,1** | **293,3** | **4,0** |

Worüber informiert die Tabelle?
Welche Werbeträger nehmen die ersten Plätze ein?
Bei welchen Werbeträgern sind die Investitionen am meisten gestiegen / zurückgegangen?
Beachten Sie vor allem die Entwicklung beim öffentlich-rechtlichen bzw. privaten Fernsehen und beim Hörfunk! Welche Tendenz erkennen Sie?

*Berichten Sie über Medienwerbung und die Anteile von Werbeträgern in Ihrem Land!*

# Werbeagenturen in Deutschland

Köln

München

Frankfurt

Stuttgart

Hamburg

Düsseldorf

Ca. 87 % aller Werbeagenturen sind in diesen sechs Städten zu Hause.
Welche Prozentzahlen gehören nach Ihrer Meinung zu jeder Stadt?

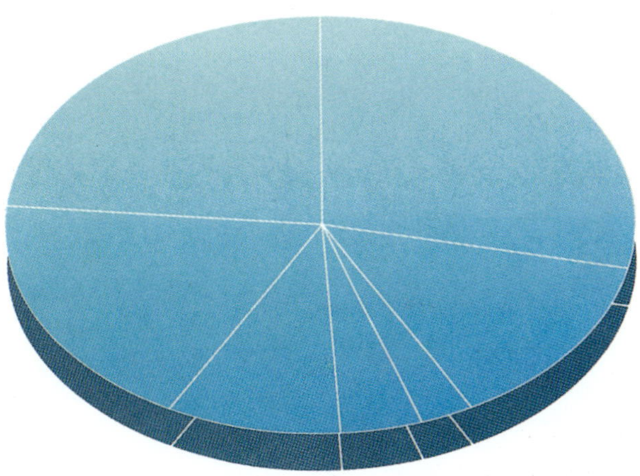

(Frankfurt: 29,6 % / Düsseldorf: 24,8 % / Hamburg: 19,2 % / München: 9,4 % / Stuttgart: 4,3 % / Köln: 3,0 % / Sonstige: 9,7 %)

## „Marketing wird international, Medienplanung bleibt national."

(aus einem Gespräch mit dem Chef einer Werbeagentur)

Der Chef einer Werbeagentur ist der Ansicht, daß Medienplanung auch in Zukunft national bleiben muß. Welche Argumente könnte er nennen?

*Sammeln Sie Stichworte!*

*Hören Sie jetzt den Text! Notieren Sie beim ersten Hören nur die vier Hauptgründe, die gegen „Media international" sprechen!*

*Sammeln Sie beim zweiten Hören einzelne Fakten, die die vier Hauptgründe erläutern! Tragen Sie diese in Gruppenarbeit zusammen!*

*Fertigen Sie eine Skizze des Gesprächs an!*

Folgende Stichworte können Ihnen helfen:

Internationalisierung bei Medienplanung? Macht keinen Sinn.
Gründe? Sprachbarrieren.
Englisch? Nein –
Mediamärkte }
Kosten } in den einzelnen Ländern zu verschieden.
Konditionen }

*Wählen Sie ein Produkt aus, für das in Ihrem Land besonders viel geworben wird. Diskutieren Sie, ob diese Werbung auch in Deutschland/in anderen Ländern erfolgreich wäre. Warum (nicht)?*

## obwohl, trotzdem dennoch, zwar – aber

*KONZESSIVES VERHÄLTNIS*

| | | |
|---|---|---|
| Marketing wird international; | trotzdem bleiben Media national | |
| | dennoch bleiben Media national | |
| Zwar wird M. international; aber | Media | bleiben national |
| M. wird zwar internat. | Media | bleiben aber national |
| obwohl M. international wird, | | bleiben Media national |
| Media bleiben national , | obwohl M. international wird. | |

*Formulieren Sie Regeln für das konzessive Verhältnis!*

Welche Konjunktionen dürfen nur im 2. Satz stehen?
Bei welcher Konjunktion können der 1. und der 2. Satz vertauscht werden?
Wo steht das Verb nach **trotzdem, dennoch, zwar – aber, obwohl?**

*Bilden Sie Konzessivsätze!*

- Internationalisierung von Media bringt manche Vorteile.
  Es gibt viele Bedenken.
- Der Europäische Binnenmarkt hat begonnen.
  Die Sprachbarrieren bleiben.
- TV-Werbung bringt den Sendern viele Einnahmen.
  Sie ist in einzelnen Ländern verboten.
- Printwerbung in Deutschland ist teuer.
  Sie steht an erster Stelle der Werbeträger.

*Diskutieren Sie den Unterschied zwischen einem rein adversativen und dem konzessiven Verhältnis!*

**adversativ:**

Funkwerbung ist in Italien sechsmal so teuer wie in Deutschland oder England.
Dagegen kostet die Printwerbung in englischen Zeitschriften nur ein Drittel von dem, was es bei uns kostet.

**konzessiv:**

Viele Argumente sprechen für Media international.
Trotzdem plädiert Herr Grelar für Media national.

## ja – aber

*BEDINGTE ZUSTIMMUNG*

*Ergänzen Sie folgende Listen!*

| | *Redemittel der Nähe* | *Redemittel der Distanz und größerer Höflichkeit* |
|---|---|---|
| *Sammeln Sie Redemittel, die eine volle Zustimmung zu einem Vorschlag/zu den Ausführungen Ihres Partners/Ihrer Partnerin ausdrücken!* | Ja!<br>Natürlich! Sicher!<br>Prima!<br>Ein guter Vorschlag!<br>Du hast völlig recht!<br>Das ist ganz o.k.!<br>... | Ich halte ... für richtig/für gut.<br>Ich stimme Ihnen zu.<br>Ich möchte mich Ihrer Meinung/der Meinung von Herrn/Frau ... anschließen.<br>Ich bin auch dieser Ansicht.<br>Ihre Argumente überzeugen mich.<br>... |
| *Sammeln Sie Redemittel, die ein klares Nein zu einem Vorschlag/ zu Ausführungen Ihres Partners/ Ihrer Partnerin ausdrücken!* | Nein!<br>Doch!<br>Das ist falsch!<br>Das kann man doch so nicht machen/nicht sagen.<br>... | Hier kann ich Ihnen nicht folgen.<br>Hier bin ich anderer Ansicht.<br>In diesem Punkte möchte ich Ihnen widersprechen.<br>Hier habe ich doch (große) Bedenken (Zweifel).<br>... |
| *In vielen Fällen will man einem Vorschlag/einem Partner teilweise zustimmen/teilweise widersprechen.<br>Dies ist auch oft freundlicher als ein hartes Nein!<br>In diesen Fällen können Sie konzessive Redemittel anwenden.* | du hast ja recht, aber ...<br>das stimmt zwar, aber ...<br>Schon richtig; freilich ...<br>... | Das ist sicher richtig/aber ...<br>Ich möchte zu bedenken geben, daß ...<br>Ihre Argumente überzeugen mich, trotzdem muß man das Pro und Contra abwägen.<br>Ich bin einverstanden mit dem Vorschlag von Herrn/Frau ...; freilich möchte ich ihn noch ergänzen ...<br>... |

*Wählen Sie ein sehr kontroverses Thema!*
*(z.B.: Soll das Rauchen in Ihrem Kurs/in einer Sitzung verboten werden?)*
*Diskutieren Sie und gebrauchen Sie Redemittel für **ja, nein, ja – aber!***

# Printkampagne für einen schottischen Whisky

*Sammeln Sie alle Wörter, die Ihnen zu dem Begriff **Streß** einfallen!*

Was hat die Reklame für einen Whisky mit Streß zu tun?

*Beschreiben Sie Gegenstände und Stimmung des Reklamebildes möglichst genau!*

Halten Sie dieses Bild für gut gelungen?
Warum (nicht?)

**Surrealistisch angehauchte Printmotive werden jetzt massiv eingesetzt, um dem erfolgreichen schottischen Malt-Whisky Glenfiddich weitere Marktanteile zu sichern.**

*Lesen Sie nun den Text!*

Wo finden Sie Angaben über
- den Ablauf der Kampagne in England?
- das Ziel der Kampagne in Deutschland?
- die Marktanteile der Premium-Whiskys in Deutschland?
- den Vertrieb in Deutschland?

**SPIRITUOSEN:** Zeitlose Behaglichkeit soll die neue, breit geschaltete Printkampagne für Glenfiddich vermitteln. Der schottische Malt-Whisky will näher an Premium-Marktführer Dimple heranrücken.

# Ein Whisky weckt Wahrnehmung

Jedes Jahr, so berichtet der schottische Spirituosen-Spezialist William Grant & Sons International voller Stolz, pilgern „rund 150 000 Whisky-Kenner aus aller Welt zur Geburtsstätte von Glenfiddich in Dufftown“. Sie wollen dort „hautnah die Magie dieses einzigartigen Premium-Whiskys erleben“, wie der Hersteller weiß. Diese Magie soll mittels einer neuen Printkampagne nun noch stärker als bisher auch auf deutsche Lande abstrahlen.

Dabei kann die Vertriebsfirma William Grant Germany, ein Joint-venture von William Grant & Sons Ltd. und Underberg, mit der Marktposition ihres Malts schon durchaus zufrieden sein. Glenfiddich – zu deutsch: Tal des Hirschen – liegt mit einem Marktanteil von 26,5 Prozent unter den Premium-Whiskys auf Rang zwei, übertroffen nur von Dimple (36 Prozent) und gefolgt von Chivas Regal (17,7 Prozent). Nur Glenfiddich konnte dabei in den letzten Jahren zulegen, seit 1987 wurde der Marktanteil in der Premium-Klasse mehr als verdreifacht.

Die neue Kampagne soll dafür sorgen, daß es mit der Marke weiter aufwärtsgeht. Sie wurde in England bereits erfolgreich eingesetzt. McCann-Erickson in Hamburg hat die beiden Motive (1/1 und 2/1) für den deutschen Markt adaptiert. Warme Farben und surrealistische Sujets mit Dali- und Magritte-Anklängen sollen das Gefühl von Entspannung vermitteln und Wahrnehmung wecken, vor allem natürlich die Wahrnehmung für die dominierend plazierte grüne Dreiecksflasche mit dem Pure Single Highland Malt Scotch Whisky namens Glenfiddich. Geschaltet wird in reichweitenstarken Titeln wie „Spiegel“, „Stern“ und „ADAC Motorwelt“, aber auch in Titeln wie „Capital“, „Country“, „Wiener“ oder „Playboy“. Begleitet wird die Kampagne von Public-Relations-Maßnahmen und „produktspezifischen Verbraucher-Events“, für die seits Juli die Hamburger PR-Agentur IPR&O verantwortlich zeichnet.

Zwischen William Grant Company & Sons Ltd. und der deutschen Firma Underberg besteht ein Joint-Venture (eine „Unternehmensverbindung"). Sie finden im folgenden eine sehr allgemeine Definition dieses Begriffs.

*Vervollständigen Sie diese!*

Joint-Venture ist ein vorübergehend ___ oder läng ___ dauernd ___ Zusammenschluß von selbständig ___ Unternehm ___ zum Zweck der gemeinsam ___ Durchführung von Projekt ___.

Kennen Sie Beispiele für Joint-ventures?
*Wenn ja, berichten Sie darüber!*

## so – wie

*REDEWIEDERGABE*

William Grant berichtet: Jedes Jahr pilgern rund 150 000 Whisky-Kenner nach Dufftown.
Jedes Jahr pilgern rund 150 000 Whisky-Kenner nach Dufftown. So berichtet William Grant.
Jedes Jahr, so berichtet William Grant, pilgern rund 150 000 Whisky-Kenner nach Dufftown.
Jedes Jahr pilgern rund 150 000 Whisky-Kenner nach Dufftown, wie William Grant berichtet.

*Wo steht das Verb im **so**-Satz? Wo steht es im **wie**-Satz?*

*Ersetzen Sie den unterstrichenen Satz durch einen **so**-oder **wie**-Satz!*

Die Agentur teilt mit: Die neue Kampagne wurde in England bereits erfolgreich eingesetzt.
Der Werbefachmann glaubt: Warme Farben und surrealistische Sujets vermitteln das Gefühl von Entspannung.
Verkaufsstatistiken beweisen: Die Werbekampagne hatte großen Erfolg.

*Übernehmen Sie nun die Rollen des für die Glennfiddich-Werbung zuständigen Teams!*

Ein Mitglied berichtet über die bisherigen Verkaufserfolge von Glenfiddich und die Ziele der neuen Kampagne, ein zweites über die geplante Werbeanzeige, ein drittes über die Begleitmaßnahmen. Kursmitglieder stellen diesem Team kritische Fragen!

# Hörfunkwerbung

*Hören Sie drei Werbespots, die für den Rundfunk konzipiert sind! Stellen Sie beim ersten Hören nur fest, für welche Produkte geworben wird!*

*Hören Sie jetzt jeden Werbespot genauer!*

Der erste Spot beginnt mit dem Anfang des deutschen Weihnachtslieds: „Leise rieselt der Schnee".
Wie wird das „Thema" Schnee weitergeführt?
Wie verändert sich die begleitende Musik?
Wie verändert sich die Stimme des Sprechers? Das Sprechtempo?

Der zweite Werbespot „spielt" mit der „Eins"!

*Sammeln Sie die Formulierungen, die mit der „Eins" zu tun haben.*

Welche Funktion haben beim dritten Werbespot Geräusche und Farbbezeichnung?

*Nennen Sie ein Produkt, für das Sie werben wollen!*
*Fragen Sie schriftlich bei einem Rundfunksender an:*
Wie hoch ist der Aufwand für 30 Sekunden Werbung in den Einschaltspitzenzeiten / außerhalb der Spitzenzeiten?
Wie hoch ist die Gesamtzahl der Hörer?
Wie hoch ist die durchschnittliche Zahl der Hörer in den Einschaltspitzenzeiten?

*Planen Sie eine Hörfunkwerbung für das Produkt, das Sie ausgewählt haben!*

# Schockwerbung

## Werbekampagne des Benettonkonzerns

Kennen Sie Werbekampagnen, Plakate, Geschäfte des italienischen Konzerns Benetton?

*Wenn ja, berichten Sie darüber!*

Der folgende Text gibt Auskunft über eine Benetton-Werbekampagne, die Anfang 1993 gelaufen ist.

### Ein Konzernchef als Nacktmodell für eine neue Werbekampagne. Gebrauchte Bekleidung für die Dritte Welt.

Luciano Benetton, Miteigentümer des Textilkonzerns, posiert in einer jetzt angelaufenen Kampagne als Nacktmodell. „Gebt mir meine Kleider zurück", heißt es in den ganzseitigen Anzeigen, die das Textilunternehmen an diesem Dienstag in den überregionalen Tageszeitungen von mehr als hundert Ländern geschaltet hat. Eine Woche später soll die Botschaft in einer zweiten Anzeigenserie erläutert werden. Zwischen dem 7. Februar und dem 13. März können alte Bekleidungsstücke jeder Marke in den Benetton-Verkaufsstellen abgegeben werden. Der Konzern will das Sammelgut dann Zentren der Caritas, des Roten Kreuzes und des Roten Halbmonds zur Verfügung stellen.

Schon mehrfach hatte der italienische Konzern mit seiner Werbung für Aufsehen gesorgt. Anzeigenmotive mit einem küssenden Pfarrer und einem blutverschmierten Neugeborenen hatten heftige Kritik ausgelöst. Verlage weigerten sich, die Werbung zu drucken, in einigen Ländern wurden einzelne Motive sogar verboten. All dies hatte die Benetton-Werber nicht von ihrem Kurs abbringen können. Im Gegenteil: die Schockwerbung brachte dem italienischen Konzern, der nur über ein vergleichsweise schmales Werbebudget verfügt, zusätzliche Publizität. Benetton gibt etwa 4 % des Umsatzes für Werbung aus und liegt damit deutlich unter dem Branchenschnitt. Eine Unternehmenssprecherin sagte: „Für die zwei Anzeigenserien in den Zeitungen und zusätzliche Reklame in Zeitschriften brauchen wir etwa die Hälfte des Werbebudgets für 1993."

Welche Informationen enthält die Überschrift?

Welche Sätze des 1. Abschnitts geben genauere Informationen zu den Begriffen:

| *Nacktmodell* | *Werbekampagne* | *gebrauchte Kleidung für die dritte Welt* |
|---|---|---|
| | | |

Welche Zusatzinformationen erhalten Sie im letzten Satz des ersten Abschnitts über diese Kampagne?

*Welches der folgenden „Texttelegramme" ist für den zweiten Abschnitt am treffendsten?*

küssender Pfarrer / nicht vom Kurs abbringen / schmales Werbebudget / für die Anzeige: etwa die Hälfte des Werbebudgets 1993

Anzeigenmotive: heftige Kritik / Verbot einzelner Motive / zusätzliche Publizität / 4 % des Umsatzes für Werbung / unter Branchendurchschnitt

Anzeigenmotive / Kritik / Schockwerbung Publizität / 4 % des Umsatzes f. Werbung / unter Branchendurchschnitt / für diese Kampagne: etwa die Hälfte des Werbebudgets 1993

*Suchen Sie Adjektive, Verben und Substantive, die im Text zusammen mit dem Wort* ***Anzeige*** *gebraucht werden.*

*Folgende Substantive können Sie entweder mit **Werbe-** als Bestimmungswort vor dem Substantiv oder **-werbung** als Grundwort nach dem Substantiv verbinden.*

*Bilden Sie zusammengesetzte Substantive und setzen Sie den Artikel davor!*

kampagne agentur abteilung botschaft etat namen budget produkt ziel gag erinnerung träger

Welche Substantive und welche Ausdrücke passen zu den Verben?

| | |
|---|---|
| Anzeige | erläutern |
| Kleider | schalten |
| Botschaft | stellen |
| Kritik | auslösen |
| Publizität | abgeben |
| Gelder | ausgeben |
| vom Kurs | verfügen |
| zur Verfügung | sorgen |
| für Aufsehen | abbringen |

*Diskutieren Sie:*
Warum sind in diesem Zeitungsartikel ganz verschiedene Zeiten des Verbs gebraucht?

## Opfer einer Umweltkatastrophe – ein Werbegag?

*Machen Sie aus folgenden Stichworten einen ganzen Text:*
Öltanker – veraltete Schiffe – nicht ausgebildete Mannschaft – Unglück – Millionen Liter Öl laufen aus – Umweltkatastrophe – Tiersterben

*Beschreiben Sie das Bild!*

*Diskutieren Sie!*
Soll man diesen Vogel als Mittel für eine „Namenswerbung" benutzen?

*Sammeln Sie zunächst in Gruppen Argumente für ein **Ja** oder für ein **Nein** auf diese Frage!*

*Wiederholen und ergänzen Sie Redemittel für:*

| **einer Person, einer Sache zustimmen** | **eine Sache ablehnen** | **einer Person widersprechen** | **teilweise zustimmen, teilweise ablehnen** |
|---|---|---|---|
| | | | |
| | | | |
| | | | |
| | | | |

*Ergänzen Sie weitere Redemittel!*

| **seine Ansicht äußern** | **Ansichten begründen** | **Folgen feststellen** | **Beispiele nennen** | **an einen Beitrag anknüpfen** |
|---|---|---|---|---|
| *(schwach:)* ich glaube, ich meine,<br>*(stärker:)* ich bin der Meinung / Ansicht, daß ...<br>*(sehr stark:)* ich vertrete den Standpunkt, daß ...<br>... | denn<br>weil<br>aus diesem Grund ...<br>ich will / kann das begründen<br>Gründe dafür sind ...<br>... | die Folge(n) davon ist / sind, könnte(n) sein<br>dies hat zur Folge, daß ...<br>infolgedessen<br>das kann (positive / negative) Konsequenzen haben<br>... | ich möchte dafür ein Beispiel (Beispiele) geben<br>ich möchte das an einem Beispiel erläutern / erklären<br>... | ich beziehe mich auf den Beitrag von ...<br>ich möchte an den Beitrag von ... anknüpfen<br>... |

# Vertrieb und Absatz

Erinnern Sie sich? Die Firma Sturm in Wien braucht dringend eine M-CC-1. Wo bestellt sie die Maschine? Wer vermittelt den Verkauf? Der folgende Dialog gibt Ihnen die Antwort!

*Hören Sie den Dialog!*
Sie haben hier ein Beispiel für einen **zentralen Vertrieb** durch ein werks**eigenes** Vertriebssystem.
Der Außendienstmitarbeiter Klein vermittelt den Verkauf.
Die Maschine wird im Stammhaus nach dem Auftrag aus Wien produziert.

Aber die Firma Lang hat noch einen zweiten Absatzweg.
*Hören Sie das Gespräch zwischen dem Chef der Fa. Konrad Lang und Herrn van Beeken, dem Geschäftsführer von Lang Benelux!*
Inwiefern ist dies ein Beispiel für einen **dezentralen Vertrieb?**
Welche Informationen über die Beziehung zwischen dem Fürther Stammhaus und der Verkaufsfiliale erhalten Sie durch dieses Gespräch?

In vielen Fällen findet man eine Kombination zwischen **dezentralem Vertrieb** und einem nur noch **werksgebundenen** (nicht mehr werkseigenen) Vertriebssystem. Ein Beispiel dafür ist Franchising. „Franchisenehmer" sind **juristisch selbständige** Unternehmen, die mit dem Franchisegeber in einem Vertragsverhältnis stehen.

Welche Aufgaben hat der Franchisegeber?

*Hören Sie jetzt noch einmal die Ausführungen des Vertriebsassistenten für Traktionsbatterien!*

Von wievielen Arten von Vertriebssystemen spricht er?
Welche Worte deuten auf ein werks**eigenes** Vertriebssystem hin?
Welche Vorteile hat der direkte Verkauf an Endkunden?
Welchen zweiten Absatzweg nennt der Betriebsassistent?
Welche Nachteile hat der Vertrieb über den Großhandel?

*Suchen Sie in der folgenden Tabelle, welche Vertriebswege und Absatzorgane Ihre Firma / eine Ihnen bekannte Firma bevorzugt!*

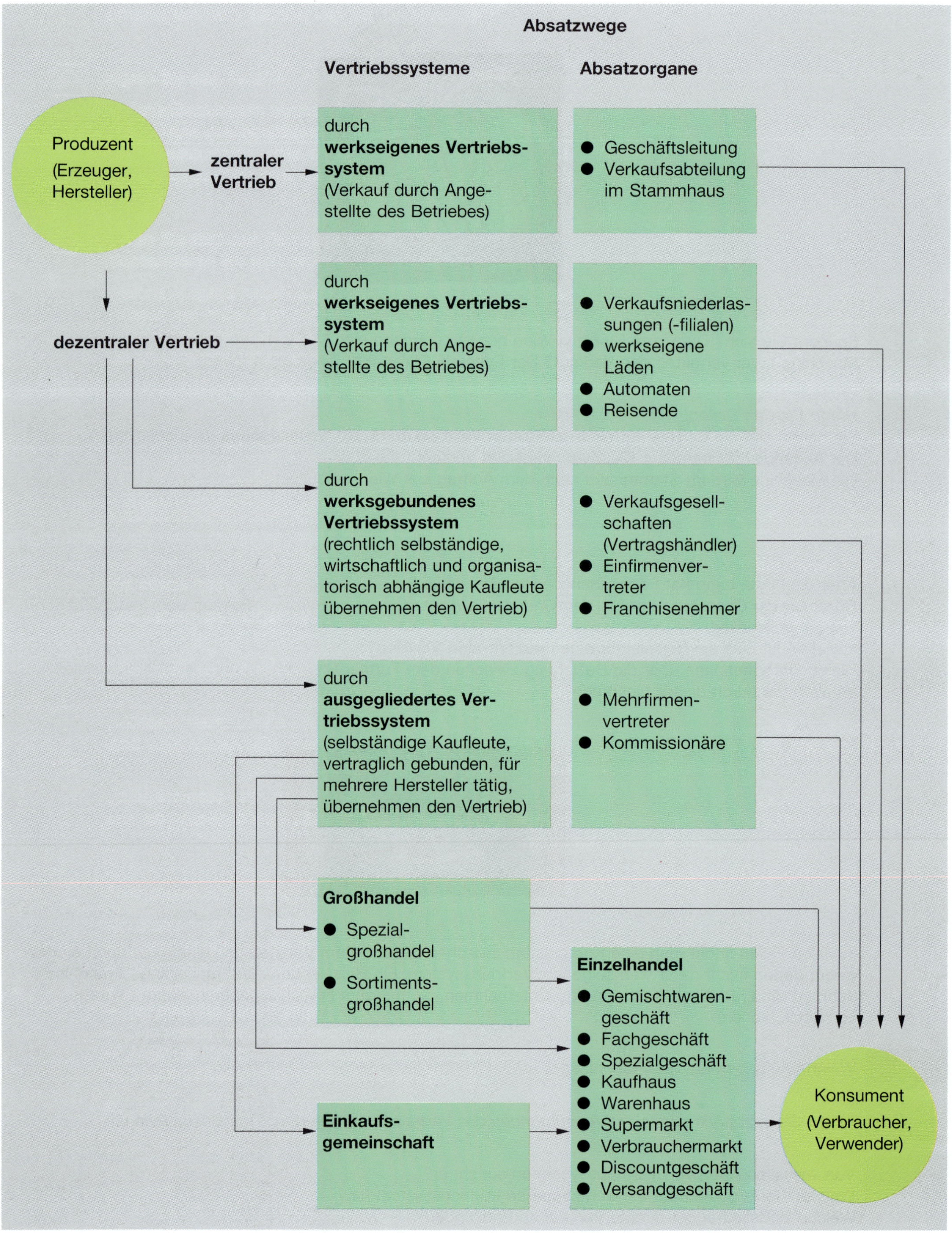

*Welche Wortbestandteile passen zusammen?*
*Setzen Sie bei Substantiven den Artikel!*

| Bestimmungswort | | Grundwort |
|---|---|---|
| Groß- | | -niederlassung |
| Kauf- | | -geschäft |
| Vertrieb- | | -weg |
| Geschäft- | | -leitung |
| Werk- | -s- | -gebunden |
| Spezial- | (?) | -system |
| Franchise- | | -organ |
| Verkauf- | | -nehmer |
| Fach- | | -abteilung |
| Absatz- | | -eigen |
| | | -haus |
| | | -handel |

*Ergänzen Sie den folgenden Lückentext mit Hilfe der Tabelle!*

Man unterscheidet zwischen einem ____ und einem ____ Vertrieb. Von einem zentralen Vertrieb kann man nur dann sprechen, wenn ein ____ Vertriebssystem vorhanden ist. Absatzorgane sind ____ bzw. die ____ im Stammhaus.

Der dezentrale Vertrieb ist durch drei sehr verschiedene Formen von ____ gekennzeichnet:

1. das ____ Vertriebssystem
2. das ____ Vertriebssystem
3. das ____ Vertriebssystem

Man kann dann von einem ausgegliederten Vertriebssystem sprechen, wenn der Hersteller den ____ seiner Produkte auf juristisch und wirtschaftlich ____ Unternehmen überträgt. Dies bedeutet, daß die Absatzwege nicht mehr direkt, sondern ____ sind. Dies hat Vorteile und Nachteile für den ____ Ein ____ ist, daß er nicht mehr den direkten Kontakt zum Kunden hat. Ein ____ ist, daß die hohen Kosten für Lagerung und Transport ____

# Telefonkommunikation

Warum ist die Telefonkommunikation zwischen Unternehmen und Kunden eine Form des **direct marketing**?

Welche Fehler oder Störungen können nach Ihrer Erfahrung (nach Ihrer Ansicht) auftreten?

*Hören Sie im folgenden drei Telefongespräche, die zwischen einem Unternehmen und dessen Kunden geführt werden!*

Alle Kunden haben ein Problem. Wie reagieren die Mitarbeiter der Firma? Reagieren sie Ihrer Ansicht nach richtig? Wie würden Sie Negativbeispiele verändern?

## Telefongespräch 1

*Hören Sie nun das erste Gespräch!*

*Versuchen Sie, nach dem Hören folgende Fragen zu beantworten!*

Was ist das Anliegen des Kunden?
Wieviele Gesprächspartner hat er?
Mit welchen Abteilungen wird er verbunden?
Verhält sich Herr Meyer richtig?
Wenn nein, wie sollte er sich Ihrer Ansicht nach verhalten?
Kann dieses Telefongespräch negative Konsequenzen haben?

*Redemittel aus Telefongespräch 1*

Da kann ich Ihnen leider keine Auskunft geben.
Ich verbinde Sie mit ...
Moment bitte, ich stelle mal durch!
Ich versuche es auf einem anderen Apparat.
Da wird gerade gesprochen.
Können wir zurückrufen?
Können Sie noch einmal anrufen?

## Telefongespräch 2

*Hören Sie zunächst zu und beantworten Sie dann folgende Fragen:*

Welches Problem hat die Kundin?
Wie beginnt das Gespräch?
Wie reagiert der Mitarbeiter zunächst?
Wie reagiert er auf die Auskunft, daß die Auftragsbestätigung fehlt?
Worin liegen die Unterschiede zum Gespräch 1?
Wie würden Sie das Verhältnis der Gesprächspartner zueinander charakterisieren?

*Redemittel aus Telefongespräch 2*

Ich werde mich sofort darum kümmern.
Es kann sein, daß da etwas schiefgelaufen ist.
Können Sie mir die Auftragsnummer geben?

## Telefongespräch 3

*Hören Sie das Gespräch!*

Welches Problem hat die Kundin?
Wie verhält sich der Mitarbeiter?

*Redemittel aus Telefongespräch 3*

Wer ist dort bitte?
Entschuldigung, ich habe Ihren Namen nicht verstanden.
Verzeihung, wie war doch Ihr Name bitte?
Das kann nicht stimmen.
Ich habe schon mit Frau ... telefoniert.
Warten Sie bitte einen Augenblick!
Sie haben vollkommen recht.
Ich schaue mal in der Kundenakte nach.
Schicken Sie die Originalrechnung zu meinen Händen zurück!
Entschuldigen Sie das Versehen!

*Spielen Sie ähnliche Telefongespräche:*

Die Kommunikation klappt. – Die Kommunikation ist gestört.

# Messen in Deutschland

*Welche Funktionen haben Messen?*

*Ergänzen Sie folgenden Lückentext!*

Messen erfüllen wichtige Marktfunktionen. Die Käufer können sich einen umfassenden Überblick über das ___ auf dem Markt verschaffen. Die ___ lernen einerseits das Angebot und die Leistungsfähigkeit der ___ kennen, andererseits die Bedürfnisse der ___. Messen dienen weiterhin der Aufnahme und Pflege von ___. Die ___ auf den Messen sind außerdem wichtige Konjunkturbarometer. Man unterscheidet regionale, ___ und inter___ Messen. Ein weiterer ___ besteht zwischen Universalmessen (Mehrbranchenmessen) und ___

## Fachmessen in Düsseldorf

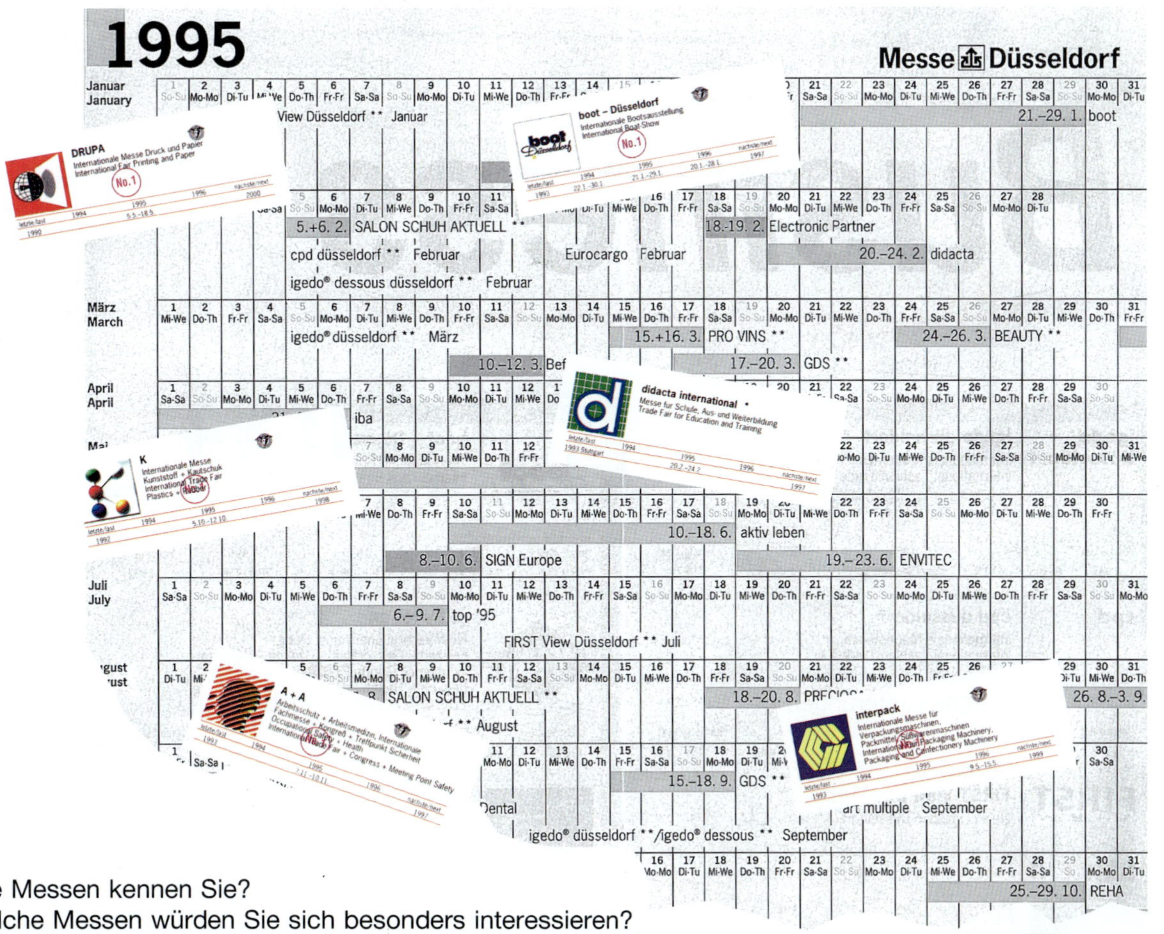


Welche Messen kennen Sie?
Für welche Messen würden Sie sich besonders interessieren?

*Stellen Sie Ihrem Partner Fragen!*

Wann findet die nächste Kunststoffmesse statt?
...

Sie wollen an einer der Messen teilnehmen.

*Schreiben Sie einen Brief an die Messeleitung, und bitten Sie um Informationsmaterial!*

*Überlegen Sie:*
Welche Kosten kommen auf Sie zu?
Wie können Sie diese reduzieren?

## Vor der Kunststoffmesse

Wie Sie bereits wissen, hat die Firma Lang für die Teilnahme an der Kunststoffmesse einen Betrag von 400.000,– DM vorgesehen.

*Hören Sie ein zweites Gespräch zwischen Herrn Hoffmann, dem Marketingleiter der Firma Lang, und dem Werbeleiter, Herrn Nürnberger!*

Die Herren besprechen die Vorbereitungen zur Kunststoffmesse.

*Notieren Sie beim ersten Hören die einzelnen Punkte, die besprochen werden.*

*Ergänzen Sie beim zweiten Hören Ihre Notizen!*

*Worum muß sich Herr Nürnberger nach diesem Gespräch noch kümmern? Fertigen Sie für ihn ein Memo an!*

## Verkaufsgespräch bei der Cebit Hannover

CeBIT'94 HANNOVER

*Hören Sie ein Verkaufsgespräch! Konzentrieren Sie sich beim ersten Hören auf folgende Fragen:*

Um welches Produkt geht es?
Wer ist der potentielle Kunde?
Welche Vorteile des Produkts werden genannt?
Welche Äußerungen des Verkäufers gegenüber Konkurrenzangeboten können Sie verstehen?

*Hören Sie das Gespräch noch einmal!*

Wie spricht der Verkäufer den Kunden an?
Was unterscheidet sein Produkt von dem Produkt anderer Anbieter?

*Füllen Sie folgende Tabelle aus!*

| | Fa. Schmitz | Konkurrenz |
|---|---|---|
| Mittel für die Realisierung des Konferenz-systems | | |
| Preis | | |

Wie werden die Aussagen des Verkäufers durch die Produktpräsentation bestätigt?
Welches Angebot macht der Verkäufer dem potentiellen Kunden?
Wie verabschiedet er ihn?

*Lesen Sie nun den Text!*

*Ergänzen Sie Ihre Informationen!*

*Unterstreichen Sie im Text alle Ausdrücke, die die Produkte der Firma positiv charakterisieren!*

*Analysieren Sie genauer die Sätze, mit denen der Verkäufer das Gespräch aufnimmt und mit denen er das Gespräch beendet.*

*Würde man in Ihrer Muttersprache ähnlich formulieren oder können Sie Unterschiede feststellen?*

*Frau Sindon:* Guten Tag, mein Name ist Sindon.

*Herr Schmitz:* Guten Tag, Frau Sindon. Mein Name ist Schmitz – von der Firma Zintz / Stuttgart. Darf ich Ihnen Informationen über unser Angebot geben?

*Frau Sindon:* Ja – ich arbeite in einem Forschungsprojekt der Europäischen Gemeinschaft und interessiere mich für Telekommunikation, speziell Bildtelefone und Videokonferenzsysteme, und sehe, daß Ihre Firma auch solche Systeme anbietet.

*Herr Schmitz:* Ja, richtig, wir bieten unseren Kunden auch auf dem Gebiet moderner Kommunikationstechnik interessante Innovationen an. Dazu gehört natürlich auch unser neues Videokonferenzsystem, das Sie hier sehen. Sie sagten gerade, Sie arbeiten wissenschaftlich. Ob in der Wirtschaft oder in der Wissenschaft – der Bildtelefonmarkt ist überall in der Expansion.

*Frau Sindon:* Das glaube ich auch. Mich würde jetzt interessieren: Was ist das Besondere an Ihrem Videokonferenzsystem? Denn wie ich gesehen habe, gibt es hier auf der Messe auch noch einige andere Anbieter von solchen Systemen. Ich habe z. B. das von der Firma Quanz näher angeschaut.

*Herr Schmitz:* Es mag sein, daß Sie hier auf der Messe manchen sehen, der sein Produkt als Videokonferenzsystem anpreist. Aber das ist nur bedingt richtig. Also verstehen Sie mich nicht falsch. Ich möchte der Konkurrenz nicht zu nahe treten. Aber Sie werden kaum einen Anbieter finden, der zu einem so niedrigen Preis und mit so einfachen Mitteln eine solche Konferenz realisieren kann. Bei uns stimmt einfach das Preis-Leistungsverhältnis.

*Frau Sindon:* Was meinen Sie mit „einfachen Mitteln"?

*Herr Schmitz:* Damit meine ich, daß wir voll darauf gesetzt haben, die Videokonferenz mit einfachen 4 / 86 er PCs über das ISDN-Netz der Telekom zu realisieren.

*Frau Sindon:* Und Ihre Konkurrenten machen das nicht?

*Herr Schmitz:* Bei anderen Anbietern können Sie bestimmt kein normales PC-Equipment verwenden, um mit Barcelona und London zugleich eine Konferenz abzuhalten. Bei anderen müssen Sie für mindestens den doppelten Preis riesige, schwerfällige Apparate anschaffen, um auf dieselbe Leistung zu kommen.

*Frau Sindon:* Wo sitzt gerade Ihr Mitarbeiter, den man hier auf dem Monitor sieht?

*Herr Schmitz:* In unserem Büro in Barcelona. Sie könnten aber genauso gut London oder Lissabon kontaktieren. Das ISDN-Netz ist europaweit angelegt.

*Frau Sindon:* Erstaunlich, wie flüssig die Bilder sind.

*Herr Schmitz:* Unsere Firma kann Ihnen ein preiswertes Komplettpaket anbieten. Wir konfigurieren Ihren PC – damit meine ich die Lieferung der Hardware – und implementieren die nötige Software. Die Videokamera wird selbstverständlich mitgeliefert. Sie brauchen das ganze nur noch an das ISDN-Netz anschließen und schon können Sie loslegen.

*Frau Sindon:* Ich bedanke mich für Ihre Informationen. Haben Sie vielleicht noch Informationsmaterial für mich?

*Herr Schmitz:* Ja, hier ist eine umfassende Darstellung aller Aktivitäten unserer Firma – da finden Sie auch vieles über unser Videokonferenzsystem.

*Frau Sindon:* Ich danke Ihnen – auf Wiedersehen.

*Herr Schmitz:* Ja, bitte schön. Ich stehe Ihnen gern für weitere Auskünfte zur Verfügung.

*Wählen Sie ein Produkt aus!*
*Führen Sie mit einem skeptischen Kunden ein Verkaufsgespräch!*

# Messen und Konjunktur

*Lesen und ergänzen Sie den folgenden Text!*

**Deutsche Messewirtschaft von der Rezession nicht betroffen**
**„Messen bleiben konstanter Wachstumsfaktor"**

## Tagung des Ausstellungs- und Messe-Ausschusses in Köln

Die deutsche Messewirtschaft verzeichnet keine Rückgänge. Vielmehr zeigen die Zahlen für das erste Quartal 1993 eine positive Tendenz. Das hat Hans-Gerd Neglein, Vorsitzender des Ausstellungs- und Messe-Ausschusses (AUMA), erklärt. Weil die Messen eine große Zahl wichtiger Marketingfunktionen hätten, könne die Wirtschaft auch in konjunkturell schwierigen Situationen nicht auf sie verzichten.

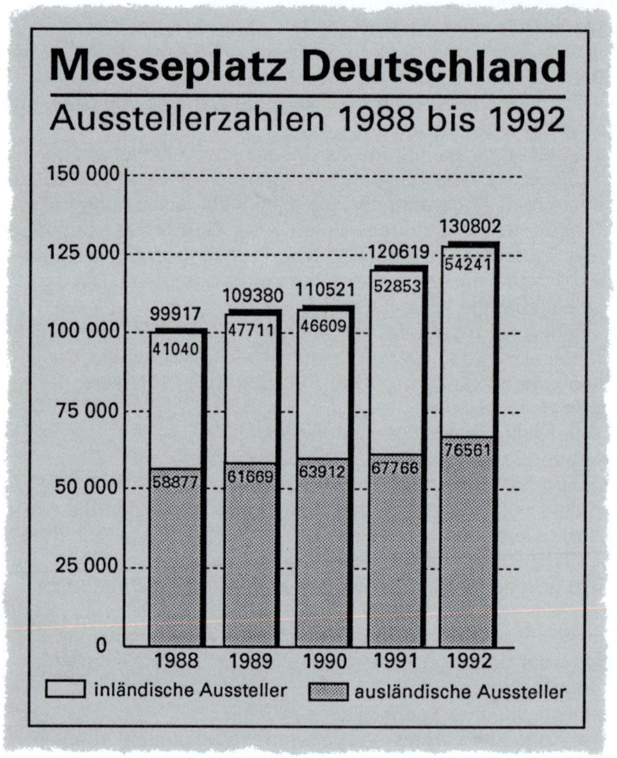


*Ergänzen Sie die Lücken mit Hilfe der Grafik.*

So hätten die meisten Veranstalter des vergangenen Jahres ______ verzeichnen können. Gegenüber dem Vorjahr sei bei den überregionalen Messen in Deutschland die Zahl der Aussteller um 8,4 % auf ______ ______ die Zahl der ausländischen Aussteller um 2,6 % auf ______. Die vermietete Ausstellungsfläche in Deutschland habe sich auf rund 6 Millionen ______ belaufen, das seien 6,5 % mehr als noch ______. Es seien 9 009 047 Messeb______ gezählt worden, das allerdings sei ein leichter ______ von 5,6 %.

Der Vorsitzende führte weiter aus: „Die deutsche Wirtschaft wird sich 1994 mit einer großen selbständigen ______ in Mexiko präsentieren. Dort wird in der Zeit vom 21. bis 27. Februar in Mexiko-Stadt die Technogerma Mexiko stattfinden. Etwa 200 deutsche ______ werden dort vertreten sein.

## werden + INFINITIV

*FUTUR*

Die deutsche Wirtschaft wird sich in Mexiko präsentieren.
Viele Firmen werden teilnehmen.
Diese Messe wird ein Erfolg sein.

*Bilden Sie das Futur von folgenden Sätzen!*

Die Zahlen zeigen ... Der Vorsitzende erklärt ... Diese Messe hat eine wichtige Funktion ...
Die Zahl der Anbieter steigt weiter. Kommen Sie erst morgen? Bleiben Sie ein oder zwei Tage?
Fahren Sie anschließend sofort zurück? Bleibt Ihr Partner länger?

*Unterscheiden Sie zwischen Futur Aktiv und Präsens Passiv!*

| | |
|---|---|
| Der Teilnehmer **wird einladen.** | Der Teilnehmer **wird eingeladen.** |
| (FUTUR AKTIV) | (PRÄSENS PASSIV) |

Sie werden das Produkt präsentieren.
Das Produkt wird von unserem Spezialisten präsentiert.
Die Messeleitung wird Sie benachrichtigen.
Wird die Veranstaltung heute mittag stattfinden?
Dieses Ziel wird nicht erreicht.
Er wird mich vertreten.
Frau ... wird durch eine Kollegin vertreten.

*Formulieren Sie Sätze mit Modalverben im Futur Aktiv!*

| PRÄSENS | FUTUR |
|---|---|
| Die Messe **kann** stattfinden. | Die Messe **wird stattfinden können**. |

Die Zahlen können den Erfolg beweisen.
Die Kollegen müssen Überstunden machen.
Wir müssen gut kalkulieren.
Kann er den Auftrag erledigen?

## hätten<br>könne

*INDIREKTE REDE*

*Viele Verben des Textes **Deutsche Messewirtschaft** stehen im Konjunktiv. Unterstreichen Sie diese Verben! In welchen Fällen finden Sie den Konjunktiv II? Wo finden Sie andere Formen?*

## habe, werde<br>nehme, müsse

*KONJUNKTIV I 3. PERSON SINGULAR*

er/es/sie werde habe k**ö**nne m**ü**sse f**a**hre n**e**hme telefoniere -e

*Wie heißt der Stamm von **kommst, sind, hat, nimmt, kannst, mag, legen, siehst, spricht, präsentieren**?*

*Bilden Sie den Konjunktiv I der 3. Person Singular!*

verzeichnen, zeigen, erklären, verzichten, vermieten, zählen, präsentieren, gehen, fallen, ankommen, dürfen, mögen, sollen, wollen, sprechen

## sei, seien

*KONJUNKTIV I VON SEIN*

| | | | |
|---|---|---|---|
| SINGULAR | 1. Person | ich | sei |
| | 3. Person | er<br>es<br>sie | sei |
| | 2. Person | du<br>Sie | sei(e)st<br>seien |
| PLURAL | 2. Person | ihr | seiet |
| | 1. Person | sie | seien |
| | 3. Person | wir | seien |

## habe
## sei + PARTIZIP II
## sei + PARTIZIP II + worden

*INDIREKTE REDE IN DER VERGANGENHEIT*

Die Zahl der Aussteller **habe** sich 1995 auf 1.435 **belaufen**.
Die Zahl **sei gestiegen**.
Über 9 Millionen Messebesucher **seien gezählt worden**.

*Suchen Sie im Text **Deutsche Messewirtschaft** Formen der indirekten Rede in der Vergangenheit!*

## könnte, dürfte, würde

*KONJUNKTIV II DER HÖFLICHKEIT*

| **weniger höflich:** | **sehr höflich:** |
|---|---|
| Sprechen Sie (bitte) langsamer! | Könnten Sie (bitte) langsamer sprechen? |
| Darf ich mal telefonieren? | Dürfte ich einmal telefonieren? |
| Schließen Sie die Türe! | Würden/könnten Sie (bitte) die Türe schließen? |

*Formulieren Sie höflicher!*

Bringen Sie mir die Unterlagen!
Ich mache jetzt einen Vorschlag.
Sagen Sie mir, wieviel Uhr es ist!
Helfen Sie mir!
Ich begleite Sie.
Ich unterbreche für einen Moment Ihr Gespräch.
Geben Sie mit bitte eine Auskunft!
Beschreiben Sie mir den Weg!

*Formulieren Sie – zusammen mit Ihrem Partner – weitere weniger höfliche/sehr höfliche Sätze!*

# Finanzierung der neuen Werkhalle

Die Fa. Lang möchte eine neue Werkhalle von ca. 1000 qm in ihrem Zweigbetrieb bauen. Nach dem Voranschlag soll der Bau ca. 2 Millionen DM kosten. Die Finanzleitung hat deshalb einen Finanzierungsplan aufgestellt. Sie geht aus von

800 TDM Eigenfinanzierung
1.200 TDM Fremdfinanzierung.

Die Firma benötigt also einen größeren Kredit und bemüht sich um eine möglichst günstige Finanzierungsform.

*Erkundigen Sie sich bei einer Bank, wie ein günstiger Finanzierungsvorschlag aussehen könnte. Berichten Sie darüber!*

In Deutschland gibt es für Investitionen dieser Art besondere Hilfen. Im folgenden Text ist z. B. die Rede von einer „Landesanstalt für Aufbaufinanzierung" (LfA), die Sonderdarlehen zu besonders niedrigen Zinssätzen bereitstellt.

*Gibt es ähnliche Institutionen auch in Ihrem Land?*

*Hören Sie nun folgenden Text!*

Der Finanzleiter der Fa. Lang verhandelt mit Herrn Behrendt, dem Direktor der „Hausbank". Wie sieht der Finanzierungsvorschlag der „Hausbank" aus?

*Würden Sie, wenn Sie Firmenchef(in) wären, diesem Vorschlag zustimmen?*

# Die Bilanz ist erstellt

Eine Bilanz besteht nicht nur aus (Bilanz)zahlen, sondern auch aus vielen schwierigen Wörtern.

*In der folgenden Aufstellung finden Sie viele Komposita.*
*Trennen Sie die Komposita!*
*Bestimmen Sie Grund- und Bestimmungswort!*
*Setzen Sie den Artikel!*
*Nennen Sie Nominativ und Genitiv Singular und Plural!*

___ Bilanz

| ___ **Aktiva (** ___ **Vermögen)** | ___ **Passiva (** ___ **Kapital)** |
|---|---|
| 1 ___ **Anlagevermögen** | 1 ___ **Eigenkapital** |
| 1.1 ___ Sachanlagen | 1.1 ___ Aktienkapital |
| ___ Grund und Boden | 1.2 ___ Rücklagen |
| ___ Gebäude | 1.3 ___ Jahresüberschuß |
| ___ Maschinen | |
| ___ Fahrzeuge | 2 ___ **Fremdkapital** |
| | ( ___ Verbindlichkeiten) |
| 1.2 ___ Finanzierungsanlagen | 2.1 ___ Hypothekenschulden |
| ___ langfristige Ausleihungen | 2.2 ___ Bankverbindlichkeiten |
| ___ Beteiligungen | 2.3 ___ Kundenanzahlungen |
| ___ Mittel, die in abhängigen Gesellschaften festgelegt sind | 2.4 ___ Warenschulden |
| | 2.5 ___ Lohnrückstände |
| 2 ___ **Umlaufvermögen** | |
| 2.1 ___ Vorräte | |
| 2.2 ___ Kundenforderungen | |
| 2.3 ___ Guthaben | |
| 2.4 ___ Barmittel | |

*Ergänzen Sie folgenden Lückentext!*

Auf der linken Seite der Bilanz steht das Vermögen. Dieses Vermögen ist entweder auf Dauer in den Unternehmen ___ (anlegen) oder es dient kurzfristig dem Betrieb, d. h. es ___ im Betrieb ___ (umlaufen). Das Anlagevermögen gliedert sich in ___ und ___. Zu den Sachanlagen gehören ___, ___, ___ und ___. Vermögenswerte, die der Finanzierung dienen, heißen ___. Diese können gebildet werden aus ___, die aber ___ sein müssen, aus ___ (z. B. Aktienanteile an Tochter ___ schaften) sowie ___, die z. B. in Tochtergesellschaften ___ ___. Zum ___ gehören außer ___ auch Forderungen ___ ___ ___ sowie Guthaben und Barmittel. Auf der ___ ___ der Bilanz steht das Kapital. Es gliedert sich in ___ und ___. Hauptposten des Eigenkapitals sind: ___ ___, das aus der Ausgabe von Aktien ___ (stammen, eingehen), Rücklagen, z. B. Gewinne, die aus vorherigen Jahren ___ ___ ___ (zurücklegen können) sowie der Jahresüberschuß, d. h. die Differenz zwischen ___ ___ und ___ ___ (der Erlös; die Aufwendungen).

*Erklären Sie nun mit Hilfe eines Lexikons:*

Hypothekenschulden sind Schulden, ___
Bankverbindlichkeiten sind ___
Warenschulden ___
Lohnrückstände ___

# Wirtschaftsnachrichten

*Lesen Sie den folgenden Zeitungstext, indem Sie von der Überschrift ausgehen!*
„Kaufhof auf Wachstumskurs" – „trotz Flaute"
*Klären Sie dann die Bedeutung dieser Wörter im Zusammenhang!*
*Welche Informationen gibt Ihnen die 2. Überschrift?*
„Fachmärkte und die Touristik als Schwerpunkte"
*Die fettgedruckten Zeilen geben für den eiligen Leser eine Zusammenfassung.*
*Suchen Sie Informationen, die die Überschrift ergänzen!*
*Suchen Sie in den einzelnen Abschnitten die Wörter, die für das Thema dieses Abschnitts wichtig sind!*
*Markieren Sie diese Wörter!*

## Kaufhof trotz Flaute auf Wachstumskurs

### Fachmärkte und die Touristik als Schwerpunkte

**Köln. (Reuter) Die Kaufhof-Gruppe sieht sich ungeachtet der schwachen Konjunktur weiter auf Wachstumskurs, wobei die Umsätze im laufenden Jahr um 8,3 Prozent auf 22,2 (20,5) Milliarden DM ansteigen sollen. Die Ertragslage werde sich überproportional verbessern, sagte Kaufhof-Chef Jens Odewald, der aber keine höheren Dividende in Aussicht stellte.**

Wachstumsträger im Handels- und Dienstleistungskonzern sollen die Fachmarktketten und die Touristik bleiben, sagte Odewald auf der Bilanzpressekonferenz in Köln.

In den ersten fünf Monaten nahmen die Umsätze um 6,2 Prozent auf 8,2 Milliarden DM zu. Die Zahl der Betriebsstätten stieg um 60 auf 1012, wovon sich 227 in den neuen Ländern und 132 im europäischen Ausland befinden. Bis zum Jahresende soll die Gruppe mehr als 1085 Betriebsstätten, davon 158 Filialen in 14 Ländern des europäischen Auslands verfügen. Damit verbunden sei im Konzern bis 1995 die Schaffung von mindestens 7000 neuen Arbeitsplätzen im Bereich der Europäischen Gemeinschaft, davon sollen 5000 in Deutschland entstehen. Ende 1992 waren 64 558 (63 997) Mitarbeiter im Konzern beschäftigt.

Die Schaffung von Arbeitsplätzen und „unsere hohen Investitionen sind unser Beitrag zur wirtschaftlichen Lage", sagte Odewald, der kürzlich den Verwaltungsratsvorsitz bei der Treuhand abgegeben hatte. Das Investitionsvolumen für 1993 bezifferte er mit 850 Millionen DM nach gut 1,2 Milliarden DM im Vorjahr. Der Rückgang betreffe die Finanzanlagen, die auf knapp 300 (751) Millionen DM zurückgenommen werden. Per 1. Januar sei bereits die Beteiligung an der Vobis Microcomputer AG von 50 auf 65 Prozent aufgestockt worden. Zudem sei im mittelständischen Kaufhausbereich eine Beteiligung geplant. Die Investitionen in Sachanlagen sollen um 75 Millionen DM auf 560 Millionen DM ausgeweitet werden.

Strategisch habe sich der forcierte Aufbau von Fachmarktketten (Vobis-Computer, Reno-Schuhe, Media-Markt, Saturn-Hansa) als „goldrichtige Entscheidung" erwiesen, sagte Odewald. Während die Marktanteile der kapitalintensiven Warenhäuser in Deutschland bis 1995 bei etwa sechs Prozent stagnieren dürften, würden die Fachmärkte ihren Anteil auf 14 (12) Prozent ausbauen.

Den zweiten Schwerpunkt bildet der Touristik-Bereich, wo im vergangenen Jahr die Mehrheit bei der in der Schweiz marktführenden Kuoni AG übernommen werden konnte. In der Touristik-Gruppe sei es gelungen, trotz schwieriger Rahmenbedingungen im Reisegeschäft, den Umsatz bis Ende Mai um 8,2 Prozent auf 1,3 Milliarden DM zu steigern, sagte Odewald.

### Warenhausbereich soll ausgebaut werden

Der zuletzt eher stagnierende Warenhausbereich – im Waren- und Kaufhausbereich lag der Umsatz per Ende Mai mit 3,6 Milliarden DM um 2,2 Prozent unter Vorjahr – soll gezielt ausgebaut werden, wobei mittelfristig auch an mittleren und kleineren Standorten investiert werden soll.

Das Ergebnis, das 1992 im Konzern auf 222,4 (166,3) Millionen DM gestiegen war, soll sich laut Odewald stärker als der Umsatz verbessern. Die Verlustquelle Oppermann Versand sei bereits 1992 geschlossen worden. Nach den in den vergangenen Jahren kräftig angehobenen Dividenden gelte es aber künftig, die Rücklagen zu stärken, um das Wachstum finanzieren zu können, sagte Odewald.

*Welche Funktion haben die Konjunktivformen, die im Text verwendet werden?*

*Sammeln Sie alle Angaben zu folgenden Bereichen:*
Umsätze – Betriebsstätten – Investitionen – Marktanteile – Ergebnisse

## trotz – obwohl<br>wegen – weil<br>zu – um ... zu, damit<br>bei – wenn

*PRÄPOSITIONEN – KONJUNKTIONEN*

| | | | | |
|---|---|---|---|---|
| KONZESSIV: | **trotz** | + GEN. | – | **obwohl ...** |
| KAUSAL: | **wegen** | + GEN. | – | **weil ...** |
| FINAL: | **zu** | + DAT. | – | **um ... zu ..., damit ...** |
| KONDITIONAL: | **bei** | + DAT. | – | **wenn ...** |

| **Angabe** (PRÄPOSITION) | **Nebensatz** (KONJUNKTION) |
|---|---|
| **Trotz der** schwachen Konjunktur ist der Kaufhof auf Wachstumskurs. | **Obwohl die** Konjunktur schwach **ist**, ist der Kaufhof auf Wachstumskurs. |

*Führen Sie die Sätze zu Ende!*

| | |
|---|---|
| **Trotz** schwieriger Rahmenbedingungen im Reisegeschäft wurde der Umsatz gesteigert. | **Obwohl** die Rahmenbedingungen im Reisegeschäft schwierig sind, wurde der Umsatz gesteigert. |
| **Trotz** der Verbesserung der Ertragslage wird die Dividende nicht erhöht. | **Obwohl** die Ertragslage ___, wird ___ |
| **Wegen** des Rückgangs der Rücklagen wird die Dividende nicht erhöht. | **Weil** die Rücklagen ___, ___ |
| **Zur** Finanzierung des Wachstums müssen die Rücklagen gestärkt werden. | **Um** das ___ zu ___, ___ |
| **Bei** der Einrichtung von mehr Betriebsstätten wird die Zahl der Arbeitsplätze erhöht. | **Wenn** mehr Betriebsstätten ___, ___ |

*Erklären Sie satzverbindende Wörter!*

„Die Zahl der Betriebsstätten steigt um 60 auf 1012, **wovon** sich 227 in den neuen Ländern befinden“.
**wovon** – von den 1012 Betriebsstätten

„Damit verbunden sei im Konzern ... die Schaffung von mindestens 7000 neuen Arbeitsplätzen“.

„davon ... sollen 5000 in Deutschland entstehen“.

„wo ... im vergangenen Jahr die Mehrheit der ... Kuoni AG übernommen werden konnte“.

„wobei ... mittelfristig auch an mittleren und kleineren Standorten investiert werden soll“.

## ä, ö, ü

*UMLAUTE (WIEDERHOLUNG)*

*Sprechen Sie nach!*

| | | |
|---|---|---|
| bat – bäte | bot – böte | durfte – dürfte |
| brachte – brächte | flog – flöge | fuhr – führe |
| gab – gäbe | zog – zöge | trug – trüge |

*Bilden Sie die Formen des Konjunktivs II!*

hatte, wurde, sprach, verlor, lag, wuchs, nahm, mochte, kam, mußte, sah, las, lud, saß

# Deutschland – ein föderaler Staat

Die Bundesrepublik Deutschland besteht aus 16 Ländern.
Jedes Land hat eine eigene Hauptstadt, eine Regierung, ein Parlament und ein „Landesrecht".
Die Bundeshauptstadt ist Berlin.

*Tragen Sie in die Karte die Namen der Länder und die Namen der Landeshauptstädte ein!*

**Namen der Länder**

Mecklenburg-Vorpommern
Berlin
Schleswig-Holstein
Sachsen-Anhalt
Baden-Württemberg
Nordrhein-Westfalen
Bremen
Bayern
Hessen
Sachsen
Thüringen
Saarland
Hamburg
Brandenburg
Rheinland-Pfalz
Niedersachsen

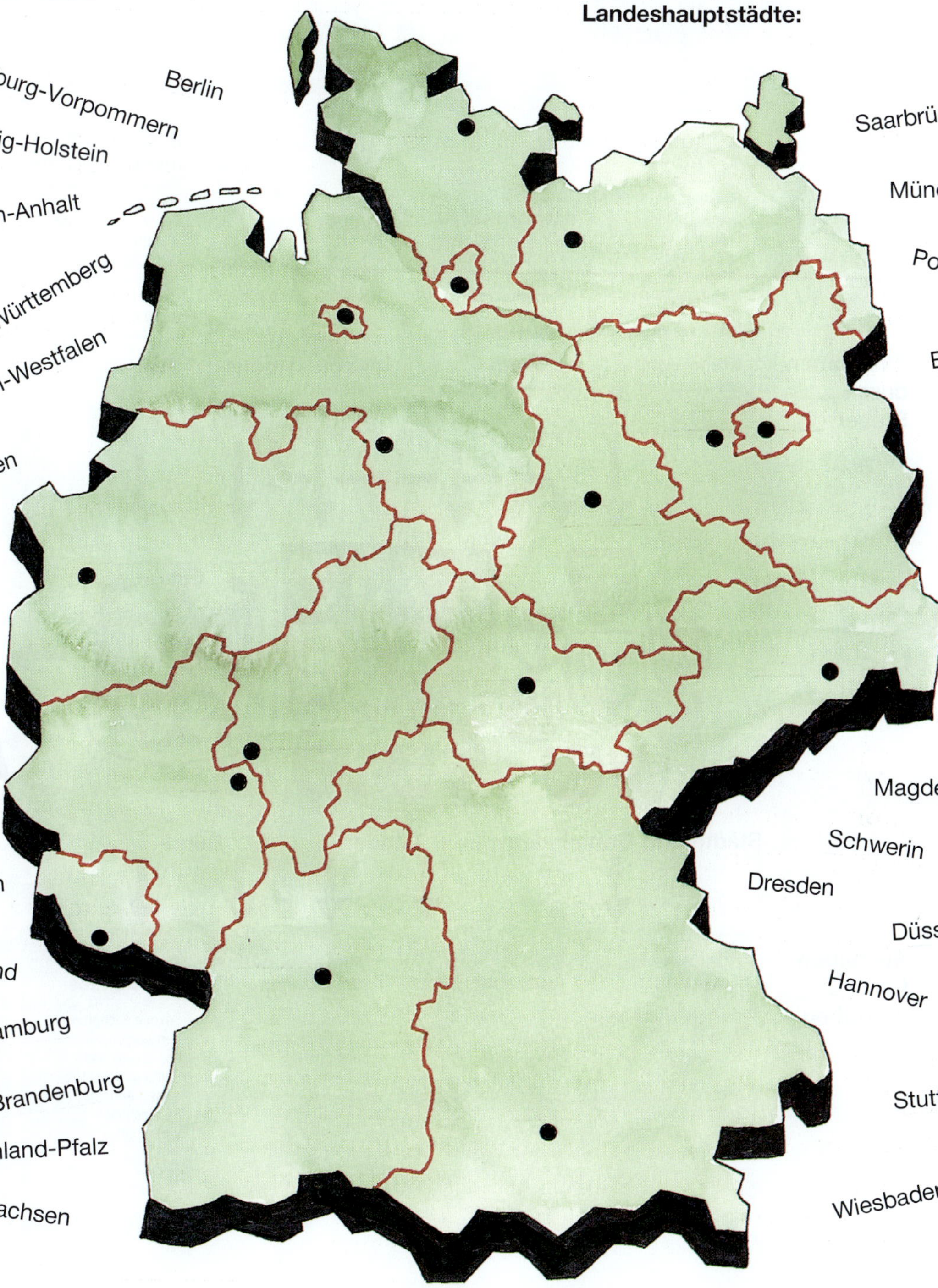

**Namen der Landeshauptstädte:**

Saarbrücken
München
Potsdam
Erfurt
Kiel
Mainz
Magdeburg
Schwerin
Dresden
Düsseldorf
Hannover
Stuttgart
Wiesbaden

# Steuern

Sie finden im folgenden eine Übersicht über die Steuern, die in der Bundesrepublik Deutschland erhoben werden. Sie können daraus ersehen, daß es eine Steuerverteilung zwischen Gemeinden, Ländern, Bund und EU gibt. Mit diesen Einnahmen müssen von Gemeinden, Ländern, Bund und EU ganz bestimmte Aufgaben finanziert werden.

## Steuer- und Aufgabenverteilung auf einen Blick

**Einnahmen durch Steuern**

| **Kommunalsteuern** | **Landessteuern** | **Gemeinschaftssteuern** | **Bundessteuern** | |
|---|---|---|---|---|
| Gewerbesteuer<br>Grundsteuer<br>kleinere eigene Steuern<br>(u. a. Hundesteuer<br>Getränkesteuer<br>Vergnügungssteuer<br>Jagd- und Fischereisteuer) | Vermögensteuer<br>Erbschaftsteuer<br>Kraftfahrzeugsteuer<br>Grunderwerbsteuer<br>sonstige Verkehrsteuern (soweit nicht an den Bund)<br>Biersteuer<br>Spielbankenabgabe | Einkommensteuer,<br>(einschl. Lohn- und Kapitalertragsteuer),<br>Körperschaftsteuer,<br>Umsatzsteuer | Mineralölsteuer<br>Tabaksteuer<br>Branntweinabgaben<br>Kaffeesteuer<br>sonstige Verbrauchsteuern (soweit nicht an die Länder)<br>Gesellschaft-Börsenumsatz-Versicherung-<br>und Wechselsteuer | Aufkommen aus Agrarabschöpfungen und Zöllen der Mitgliedstaaten,<br>Mehrwertsteuereigenmittel, BSP-Eigenmittel<br>Finanzbeiträge der Mitgliedstaaten zum Entwicklungsfonds |

Städte und Gemeinden — Länder — Bund — Europäische Union

**Ausgaben für Aufgaben**

| **Kommunale Aufgaben** | **Länderaufgaben** | **Gemeinschaftsaufgaben** | **Aufgaben des Bundes** | **Aufgaben der EU** |
|---|---|---|---|---|
| Schul- und Kulturwesen<br>Verkehrsaufgaben<br>Sozialhilfe<br>Gesundheitswesen<br>öffentliche Einrichtungen<br>Energieversorgung u. a. | Kulturaufgaben<br>(Schulwesen)<br>Rechtspflege<br>Sozialhilfe<br>Polizeiwesen<br>u. a. | gemeinsame Aufgaben von Bund und Ländern | Soziale Sicherung<br>Verteidigung<br>Forschung und Bildung, Verkehrswesen (einschl. Bundesbahn)<br>Wirtschaftsförderung u. a. | Forschung, Energie<br>gewerbliche Wirtschaft<br>Agrarfonds, Regionalfonds, Sozialfonds<br>Entwicklungsfonds<br>u. a. |

*Setzen Sie in die Lücken die Bezeichnung der Steuer ein!*

Wer Gehalt oder Lohn bezieht, zahlt ____.
Wer andere Einkünfte hat (Gewinne, Honorare), wird zur ____ veranlagt.
GmbHs und Aktiengesellschaften zahlen ____.
Wer Vermögen erbt, muß ____ ____.
Wer Vermögen besitzt, wird mit ____ belastet.
Mineralöle, Tabakwaren, Branntwein, Bier, Schaumwein, Kaffee, Tee usw. sind mit besonderen ____ belegt.
Die Gewinne der gewerblichen Unternehmen unterliegen der ____.
Mit ____ ist fast jede Ware und Dienstleistung belastet.
An den Grenzen erhebt der Staat ____ auf die aus dem Ausland hereinkommenden Waren.
Das Halten eines Kraftfahrzeuges ist mit ____ belastet.
Wer ein Grundstück erwirbt, muß ____ bezahlen.

*Stellen Sie zusammen:*

Durch welche Steuern sind in Deutschland Unternehmen belastet?
Ist diese Belastung sehr viel höher als in Ihrem Land?

*Sammeln Sie die Verben des Lückentextes! Sie werden oft im Zusammenhang mit **Steuer** verwendet.*

*Außer der Bezeichnung für verschiedene Steuern gibt es noch viele andere Wörter, die mit dem Stamm **steuer** gebildet werden. Erklären Sie z. B.:*

besteuern, versteuern, steuersparend, steuerfrei,
Steuerberater, Steuerspezialist
Doppelbesteuerung, Doppelbesteuerungsabkommen

*Sammeln und erklären Sie weitere Wörter, die mit **steuer** gebildet werden!*

*Sie können solche Wortfamilien übersichtlich darstellen.*
*Führen Sie die folgende Tabelle weiter!*

| | | |
|---|---|---|
| | **steuer** | |
| **be** | **steuer** | **n** |
| **Be** | **steuer** | **ung** |

## Muß ein ausländischer Investor doppelt Steuern zahlen?

Gespräch zwischen der Finanzberaterin Wilma Röhrig und Mr. Stone. Mr. Stone vertritt einen führenden amerikanischen Hersteller von Tennisartikeln.

*Hören Sie den Text!*

Welche Einzelheiten können Sie verstehen über
- die Pläne des amerikanischen Konzerns
- die Besteuerung eines ausländischen Büros für Marktbeobachtung
- die Besteuerung einer ausländischen Vertriebsfirma in Deutschland?

*Hören Sie jetzt den Text noch einmal!*
*Konzentrieren Sie sich dabei auf folgende Fragen:*

Welche Aufgabe haben die zwei Fachleute des amerikanischen Konzerns?
Müssen sie in Deutschland Steuern zahlen?
Welche Steuern muß die künftige Vertriebsfirma zahlen?
Warum braucht der amerikanische Konzern die Hilfe von deutschen Steuerspezialisten?

ob
wo + KONJUNKTIV

*INDIREKTE FRAGE MIT KONJUNKTIV*

| **Mr. Stone fragt:** | **Frau Röhrig berichtet über den Fragenkatalog von Mr. Stone. Sie referiert:** |
| --- | --- |
| „Wo zahlen die Leute ihre Steuern?" | Mr. Stone fragte, **wo** die Leute ihre Steuern **zahlten / zahlen würden.** |
| „Wer stellt die Lohnsteuerkarte aus?" | Mr. Stone fragte, **wer** die Lohnsteuerkarte **ausstelle / ausstellen würde.** |
| „Müssen internationale Unternehmen in Deutschland und in den USA Steuern bezahlen?" | Mr. Stone fragte, **ob** internationale Unternehmen in Deutschland und in den USA Steuern **bezahlen müßten.** |
| „Unterscheiden sich die deutschen Verhältnisse sehr von denen in den USA?" | Mr. Stone fragte, **ob** sich die deutschen Verhältnisse sehr von denen in den USA **unterschieden / unterscheiden würden.** |

*Formulieren Sie folgende Fragen als indirekte Fragen:*

Mr. Stone fragt Frau Röhrig:
- „Lohnt es sich, in Deutschland eine Vertriebsfirma aufzubauen?"
- „Wer kann den Konzern ausführlich beraten?"
- „Wie werden ausländische Fachleute hier besteuert?"
- „Ist eine doppelte Besteuerung ausgeschlossen?"
- „Wo werden die Lohnsteuern abgezogen?"
- „Muß der Konzern Körperschaftssteuer bezahlen?"
- „Welche Abschreibungsmöglichkeiten gibt es?"

# Mehrwertsteuer

Die Umsatzsteuer wird in Deutschland in Form der Mehrwertsteuer erhoben. Sie ist eine Steuer, mit der grundsätzlich der Endverbraucher belastet wird. Zum Verbrauch gehören dabei nicht nur Waren und Güter, sondern auch Dienstleistungen. Die Umsatzsteuer kennt zwei Steuersätze: den vollen Satz (z. Zt. 15 %) und den ermäßigten Satz (z. Zt. 7 %).
Der ermäßigte Satz gilt für alle Lebensmittel (ausgenommen Getränke und Gaststättenumsätze), Umsätze von Büchern, Zeitungen, Zeitschriften und Kunstgegenständen.
Die Umsatzsteuer ist von den Unternehmen an das Finanzamt zu zahlen.
Jedes Unternehmen muß einerseits auf die Erlöse für seine Lieferungen Umsatzsteuer bezahlen. Andererseits kann es die Umsatzsteuer, die ihm von einem anderen Unternehmen in Rechnung gestellt wurde, als sogenannte Vorsteuer von der Umsatzsteuer abziehen, die es an das Finanzamt abführen muß. Folgendes Beispiel soll dies erläutern:

Stufe 1: Ein Forstbetrieb verkauft Stämme an ein Sägewerk.

| | |
|---|---|
| Warenpreis: | 10.000,– DM |
| Mwst. (7 %) | 700,– DM |
| Verkaufspreis | 10.700,– DM |

Das Sägewerk zahlt an das Finanzamt 700,– DM Mehrwertsteuer.

Stufe 2: Das Sägewerk verarbeitet die Stämme zu Brettern und Furnieren. Es verkauft diese Produkte an eine Möbelfabrik.

| | |
|---|---|
| Warenpreis: | 20.000,– DM |
| Mwst. (15 %) | 3.000,– DM |
| Verkaufspreis | 23.000,– DM |

Das Sägewerk zahlt an das Finanzamt 3.000,– DM abzüglich 700,– DM Vorsteuern (Vorsteuer, weil diese Steuer bereits vorher an den Forstbetrieb gezahlt wurde), also 2.300,– DM.

Stufe 3: Die Möbelfabrik verkauft die Möbel, die aus den Brettern und Furnieren hergestellt wurden, an ein Warenhaus.

| | | |
|---|---|---|
| Warenpreis | 10 Schränke zu je 5.000,– DM | 50.000,– DM |
| Mwst. (15 %) | | 7.500,– DM |
| Verkaufspreis | | 57.500,– DM |

Wie hoch ist der in der Möbelfirma entstandene Mehrwert?
Welchen Steuerbetrag darf die Möbelfirma von den 7.500,– DM abziehen?
Wieviel Umsatzsteuer hat die Möbelfirma an das Finanzamt zu zahlen?

Stufe 4: 10 Schränke im Wert von je 6.500,– DM werden zu einem Preis von 7.475,– DM an die Endkunden verkauft.

Wie hoch ist die Umsatzsteuer, die das Möbelhaus an das Finanzamt zu zahlen hat?

**haben / sein zu + INFINITIV**

*MODALITÄTSVERBEN*

Die Firma <u>hat</u> diesen Steuerbetrag an das Finanzamt <u>zu zahlen</u> = Sie muß zahlen. (AKTIV)
Die Firma <u>hat</u> den Steuerbetrag pünktlich <u>einzuzahlen</u> = Sie muß einzahlen. (AKTIV)
Ein Steuerbetrag von DM 10.000,– <u>war</u> an das Finanzamt <u>zu zahlen</u> = Er mußte gezahlt werden. (PASSIV)
Der Steuerbetrag <u>war</u> pünktlich <u>einzuzahlen</u> = Er mußte eingezahlt werden. (PASSIV)

*Ersetzen Sie die unterstrichenen Teile mit* ***haben zu*** *oder* ***sein zu****!*

- Arbeitnehmer <u>müssen</u> Lohnsteuer <u>entrichten</u>.
- Der moderne Staat <u>muß</u> Aufgaben vielerlei Art <u>erfüllen</u>.
- Zwischen direkten und indirekten Steuern <u>muß</u> man <u>unterscheiden</u>.
- Die Steuererklärung für das Vorjahr <u>mußte</u> (!) bereits vor einem Monat <u>abgegeben werden</u>.

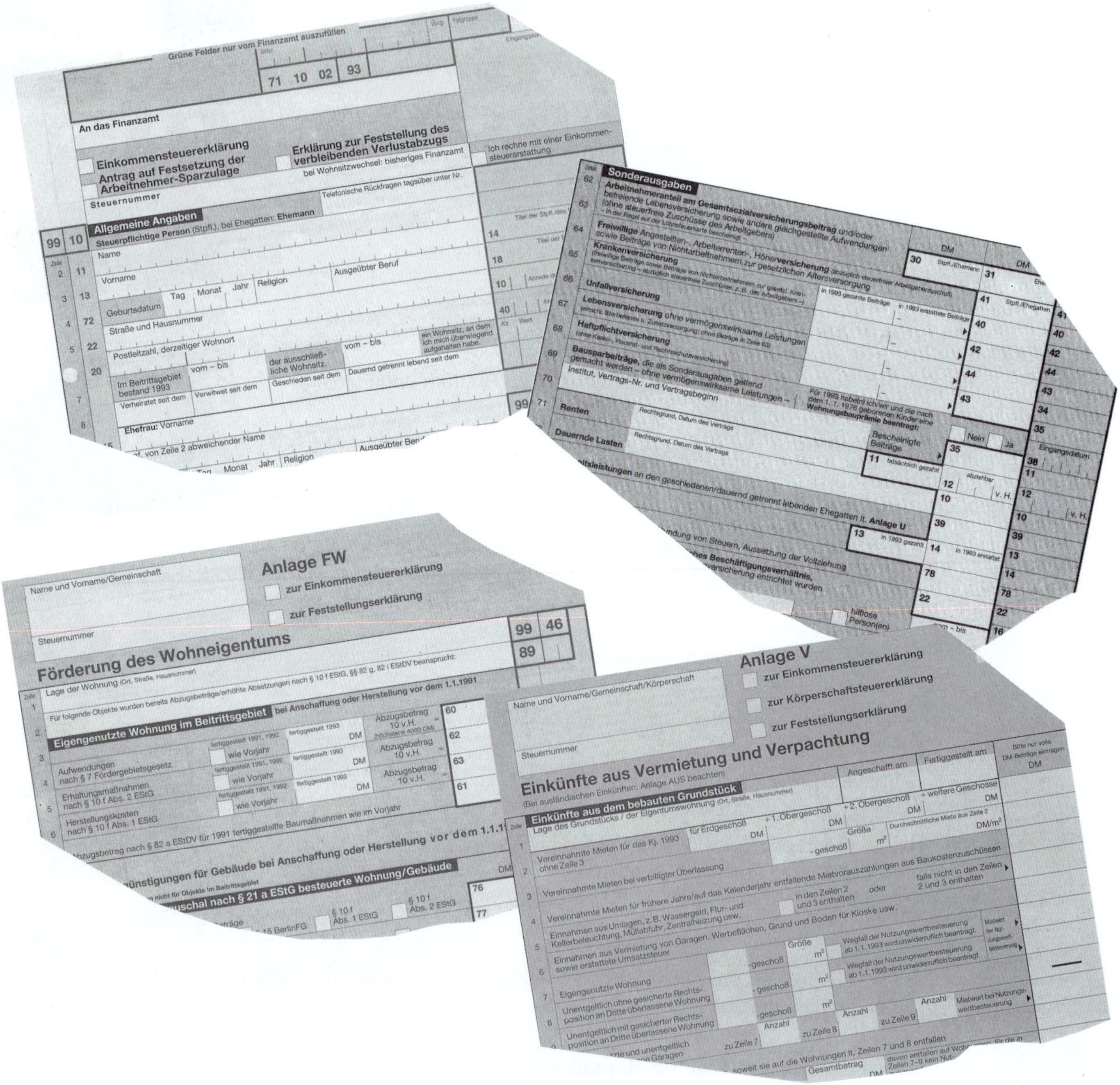

# Heute geht die M-CC-1 nach Wien

Endlich ist die M-CC-1 fertig. Zusammen mit 13 anderen Maschinen steht sie in der Lagerhalle, in der sie für den Transport nach Wien verpackt wird. Gleichzeitig werden in der Exportabteilung die Frachtpapiere fertiggemacht.

Da der Kunde die Maschine möglichst schnell haben will, hat man sich für den LKW-Transport entschieden. Andere Maschinen werden jedoch mit der Bahn verfrachtet; einige davon gehen nach Bremerhaven, wo sie auf einen Frachter verladen und dann nach Übersee verschifft werden.

Den Transport der M-CC-1 übernimmt eine Spedition, die häufig eilige Sendungen für die Fa. Lang befördert. Am späten Nachmittag kommt der Lastwagen; er hält an der Laderampe vor der Lagerhalle. Dort wird die Maschine in den Wagen geladen. Zwei Tage später fliegt ein Monteur der Fa. Lang von Nürnberg nach Wien, um die Maschine zu installieren und betriebsbereit zu übergeben.

# Transportmöglichkeiten

Welche Möglichkeiten gibt es, die Maschine nach Wien zu transportieren?

*Schauen Sie auf die Karte, und beschreiben Sie die verschiedenen Transportwege!*

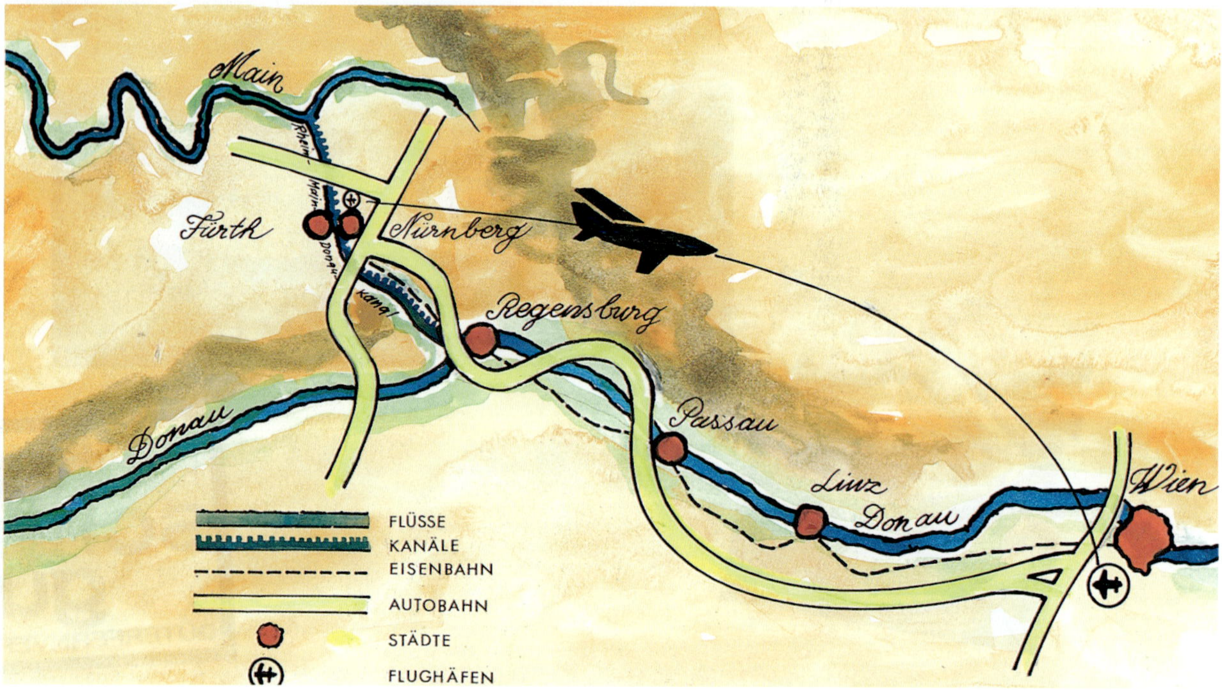


*Diskutieren Sie, welche Vor- und Nachteile die verschiedenen Transportmittel haben! Ordnen Sie die folgenden Aussagen einem oder mehreren der vier Transportwege zu!*

- ... ist sehr günstig, weil einfachste Verladerampen ausreichen.
- ... ist für den landgebundenen Verkehr der ökologisch – ökonomisch beste Weg – auch, solange das Transportgut gefahren wird und nicht steht: Aber das Rangieren und Umladen ist teuer und kostet Zeit.
- ... ist für Massengüter der billigste Transportweg, aber für einzelne Maschinen und andere hochwertige Güter kaum geeignet.
- ... ist sicher am schnellsten – aber auch am teuersten. Außerdem sind die Formalitäten relativ umständlich.
- ... ist ungünstig, weil ein mindestens zweimaliges Umladen notwendig ist.
- ... ist für einen Haus-zu-Haus-Transport der schnellste und einfachste Weg.
- ... ist günstig, weil die Maschine über Nacht transportiert werden kann.
- ... ist ungünstig, weil der Personalaufwand gemessen an der Größe des Transportguts sehr hoch ist.

Sie werden gleich einen Ausschnitt aus der Unterhaltung hören, die Herr Stolz mit Herrn Mitter während der Werksbesichtigung führte. Die beiden Herren waren bereits im Rohstofflager, in der Entwicklung, in der Teilefertigung und sind gerade am Ende der Montagehalle angekommen. Hier findet der Probelauf statt, bevor die Maschinen für den Transport fertig gemacht werden.

In der Halle stehen dreizehn Maschinen. Über einige davon sprechen Herr Stolz und Herr Mitter: Wohin gehen diese Maschinen? Wie werden sie verpackt? Und mit welchen Transportmitteln werden sie befördert?

*Hören Sie jetzt den Gesprächsausschnitt, und machen Sie sich zunächst Notizen!*

*Ordnen Sie dann die Bestimmungsorte, Frachtwege und Verpackungsarten den Maschinen zu!*

- nach Ingolstadt
- nach Portugal
- in die USA
- nach Brasilien
- nach Wien
- nach Bremerhaven

- per Bahn
- per Schiff
- per LKW
- per Flugzeug (Luftfracht)
- über eine Spedition
- der Kunde holt das Transportgut selbst ab

- auf Palette
- im Verschlag
- in Folie eingeschweißt
- in einer Seekiste
- im Container

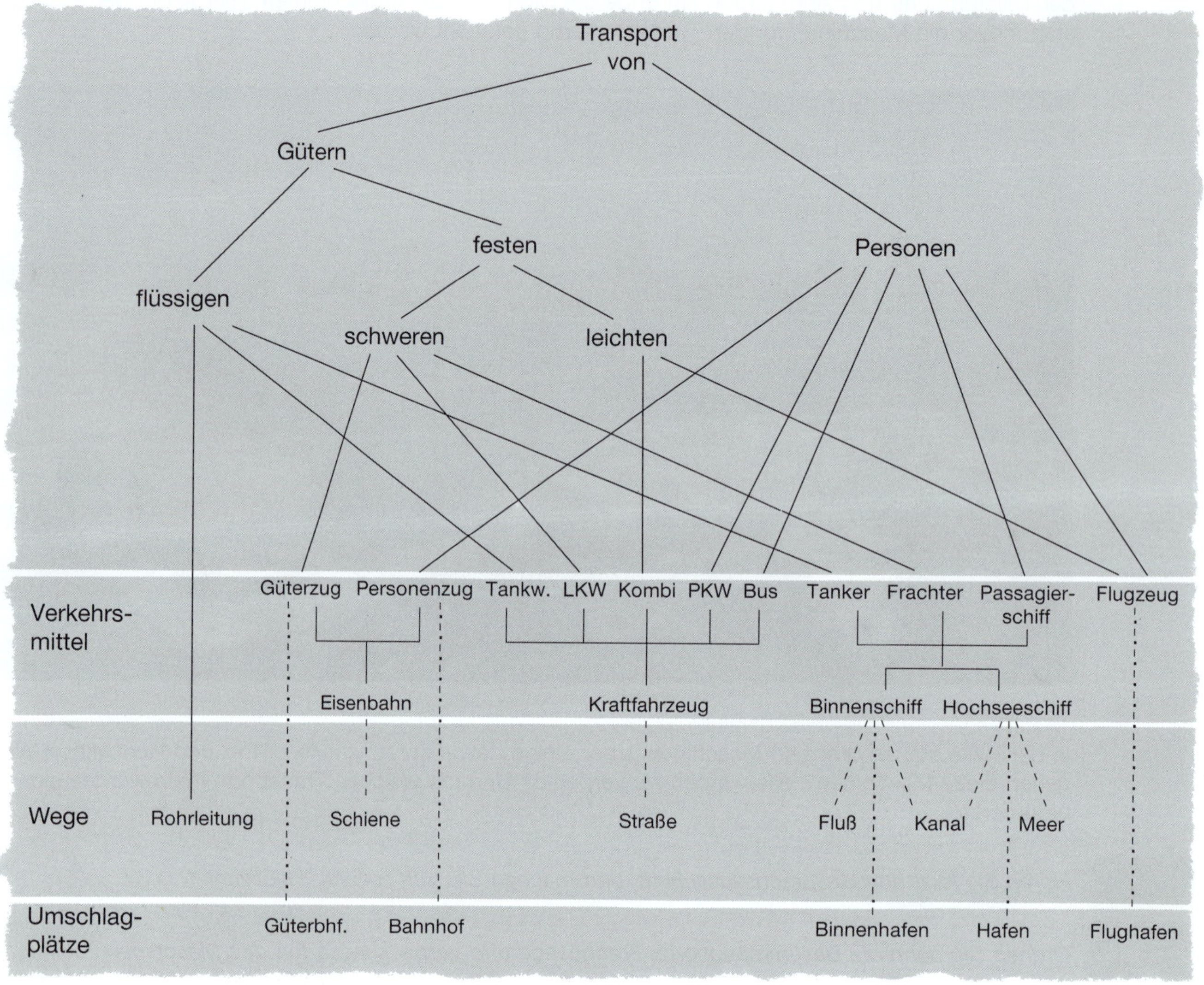


*Kommentieren Sie die Grafik!*
*Benutzen Sie die folgenden Wörter und Wendungen:*

Haltestelle
Bahnhof
Hafen (Seehafen, Binnenhafen)
Flughafen
Transportgut
Transportleistung
Schienennetz
Straßennetz
Autobahnnetz
Wasserstraßen (Flüsse, Kanäle)
Öltransport
Rohrleitungen (Pipelines)
Massengüter
Transport
Versand
Fracht
Frachtgut
Beförderung
Spedition
Frachttarife
Luftfracht

fahren
fliegen
befördern
transportieren
bringen
abholen
verschiffen
verfrachten
einladen
umladen
ausladen
versenden
verschicken

auf See sein

auf der Straße transportieren

auf der Schiene transportieren

ein Verkehrsmittel in Anspruch nehmen

## Transport auf der Schiene, auf der Straße, auf dem Wasser und in der Luft

*Ordnen Sie die Vor- und Nachteile den Transportmitteln zu und tragen Sie sie in die Tabelle ein!*

| Transportmittel | Nachteile | Vorteile |
|---|---|---|
| schienengebunden<br>**Eisenbahn** | | |
| wassergebunden<br>**Schiff**<br>● Binnenschiffahrt<br>● Seeschiffahrt | | |
| flughafengebunden<br>**Flugzeug** | | |
| straßengebunden<br>**Lastwagen**<br>● Güternahverkehr<br>● Güterfernverkehr | | |

**Nachteile**

- hohe Frachtkosten
- bedingte Verwendbarkeit für Massengutverkehr
- Rollfuhren an Versand- und Empfangsort
- geringere Eignung für Stückgutversand
- Abhängigkeit von Wasserstand und Vereisung
- Anschlußfrachten
- teure, seemäßige Verpackung
- Höchstmaße und Gewichte
- kostenaufwendige Verpackung wegen Rollen, Verladen, Umladen, Rangieren
- größere Witterungsabhängigkeit
- geringe Geschwindigkeit
- Verlängerung der Transportdauer durch Laden und Löschen der großen Mengen
- längere Transportdauer durch Huckepackverkehr (verladen von LKW bzw. LKW-Aufbauten auf Züge)

**Vorteile**

- große Schnelligkeit des Transports
- schnelles und kostengünstiges Beladen und Löschen durch hafen- und schiffseigene Umschlageinrichtungen
- geringe Reibung: gleiche Kraft befördert schwerere Güter und größere Menge
- kleinste Orte erreichbar
- geringe Reibung zwischen Rad und Schiene, daher schnellere, sichere und preiswerte Beförderung
- Haus-zu-Haus-Verkehr ohne Umladen; Ersparung von Transportverpackungs- und Verladekosten
- geringe Selbstkosten: Abgaben nur für Benutzung künstlicher Wasserstraßen
- kleines Transportrisiko
- günstige Fracht
- große Fahrzeuge und große Tragefähigkeit; niedrige Frachten
- verschiedenste Schiffstypen für Güter aller Art: Massen- und Stückgüter
- lange Züge, Anpassung an alle möglichen Güter
- individuelle Behandlung und Sonderwünsche möglich
- schnelles Massenverkehrsmittel im kontinentalen Verkehr
- Beweglichkeit, deshalb kürzere Lieferfristen
- sorgfältige Behandlung, deshalb kurze Dispositionszeiten, keine Lagerhaltung, schneller Kapitalumschlag, niedrige Verpackungskosten, niedrige Versicherungskosten
- gutes Verkehrsmittel für Massengüter und Rohstoffe
- günstige Güterabfertigung für Stückgutverkehr
- besonders geeignet für hochwertige, hochempfindliche, leichtverderbliche und eilbedürftige Güter

# Güterbeförderung

*Diskutieren Sie:*

Warum transportiert die Firma Lang ihre Maschinen nicht selbst? Was könnte der Grund sein?

*Schauen Sie sich die Grafik an und füllen Sie dann den Text aus!*

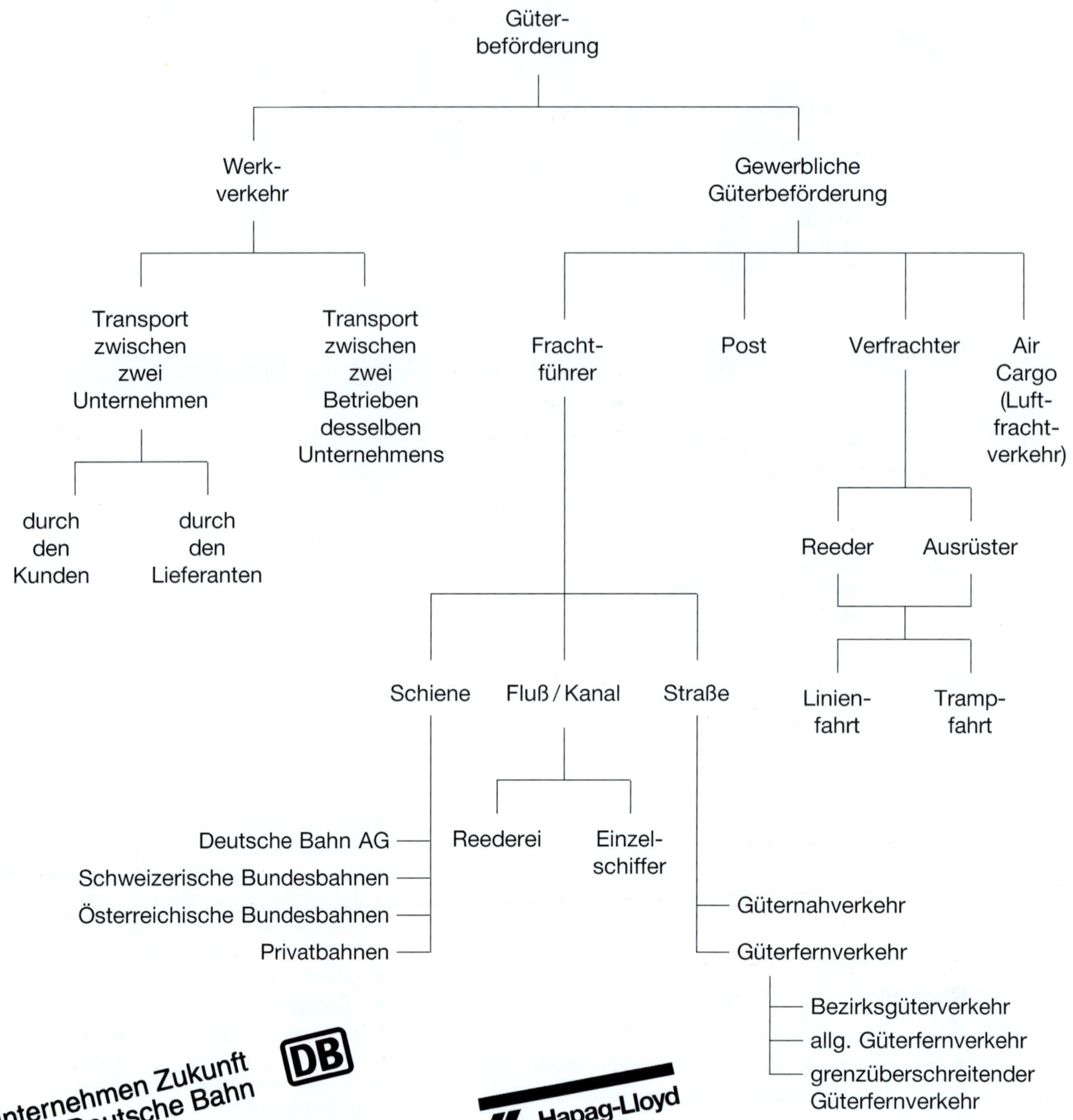

Bei der ______ unterscheiden wir Werkverkehr und gewerbliche Güterbeförderung.

Beim ______ (= firmeneigene Beförderung von Gütern) unterscheiden wir folgende ______ :

- Der ______ holt das Transportgut mit ______ Fahrzeugen ab.
- Der ______ stellt das ______ mit eigenen Fahrzeugen zu.
- Das Transportgut wird mit eigenen Fahrzeugen zwischen verschiedenen ______ desselben ______ befördert.

Bei der ______ Güterbeförderung (= Beförderung durch Transportunternehmen gegen Entgelt: Fracht, Porto) unterscheiden wir ______ Typen von Unternehmen:

- die ______
  (in Deutschland: Deutsche Bundespost Postdienst)
- Verfrachter – in der Seeschiffahrt:
  ______ (= Schiffseigentümer) und
  Ausrüster (= Nutzer von gecharterten ______ für Fremdtransporte)
- Frachtführer – dazu gehören:
  die ______
  in Deutschland: die Deutsche Bahn AG
  in ______ : die Österreichischen Bundesbahnen
  in der Schweiz: die ______ Bundesbahnen
  und die Privatbahnen (sehr selten in Deutschland, ______ in der Schweiz)

  Unternehmen des gewerblichen Güterverkehrs (LKW):
  ______ (Beförderung bis 50 km Entfernung)
  Güterfernverkehr (bis 150 km Bezirksgüterfernverkehr, darüber hinaus allgemeiner ______ ) grenz ______ Güterverkehr

  Unternehmen der Binnenschiffahrt:
  Einzelschiffer und
  ______ (= Großunternehmen mit vielen Schiffen)
- Luftverkehrsgesellschaften (Air Cargo)

# Verkehrssysteme

Unter Verkehr versteht man jede Art der Überwindung einer räumlichen Entfernung in jeder Form (zu Wasser, zu Lande und in der Luft). Ein entwickeltes Verkehrs- und Nachrichtenwesen ist Vorbedingung für die ausreichende Versorgung der Produzenten und Verbraucher mit Gütern. Zu einem funktionierenden Verkehrssystem gehören:

- Verkehrswege: Straßen, Schienen, Flüsse, Kanäle
- Stationen und Umschlagplätze: Bahnhöfe, Häfen, Flughäfen
- Verkehrsmittel: Kraftfahrzeuge, Bahnen, Schiffe, Flugzeuge

Aufgrund seiner Leistungsmerkmale ist jeder Verkehrsträger für bestimmte Transportaufgaben besonders geeignet. Leistungsmerkmale sind:

- Schnelligkeit
- Kapazität
- Dichte des Wegenetzes
- Transportkosten

Eine Stückgutsendung mit Autoersatzteilen soll von Stuttgart nach Kairo transportiert werden. Beschreiben Sie die Transportmöglichkeiten mit ihren Vor- und Nachteilen und entscheiden Sie sich für den günstigsten Transportweg!

Welchen Transportweg würden Sie wählen von Fürth

- nach Hamburg
- nach Rom
- nach Berlin
- nach Stuttgart
- nach Madrid
- nach Moskau
- nach Lyon
- nach Peking
- nach Chicago
- nach Neu-Delhi
- nach Manila
- nach Oslo
- nach Kapstadt
- nach Athen
- nach Lissabon
- in Ihre Heimatstadt?

# Schiene oder Straße?

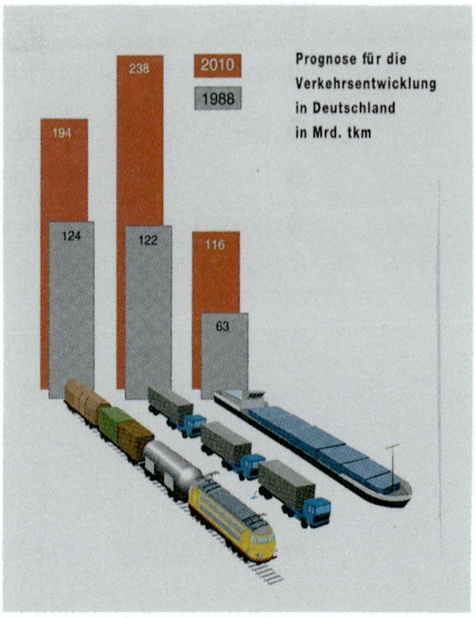


*Markieren Sie im Text wichtige Informationen!*

*Zukunftskonzept der Bahn konkurriert mit Speditionen*

## Mit Bahntrans will die Schiene Marktanteile zurückgewinnen

Mehr als 90 % der Stückgüter werden über die Straße befördert

Die Deutsche Bahn plant gravierende Änderungen im Kleingutbereich. Unter Verzicht auf die bisherigen veralteten Produktions- und Abwicklungsstrukturen soll das Teilladungsgeschäft der Deutschen Bahn völlig neu geordnet werden, um wettbewerbsfähig zu werden und „in schwarze Zahlen" zu fahren.

Das Marketingkonzept sieht für Stück- und Partiegüter einen 24-Stunden-Haus-Service vor. Zwischen 41 Frachtzentren, die die heutigen Stückfrachtbahnhöfe und Expreßgutabfertigungen ersetzen, sollen alle Sendungen der gesamten Kleingutproduktpalette umladefrei und im direkten „Nachtsprung" überwiegend auf der Schiene transportiert werden. Diesen Frachtzentren werden noch etwa 50 Filialen als logistische Sammel- und Verteilpunkte zugeordnet. Bei der Sammlung und Verteilung in der Fläche will die Bahn an der bewährten Kooperation mit den mittelständischen Spediteuren und dem Güterkraftverkehrsgewerbe festhalten.

Die neuen Frachtzentren sollen nach Vorstellung der Bahn 1995/1996 realisiert werden. Parallel dazu soll die Vernetzung zwischen den Frachtzentren aufgebaut werden. Ob es der Bahn gelingen wird, mit ihrem neuen Konzept „Bahntrans" Marktanteile im Kleingutverkehr zurückzugewinnen, wird allerdings in sehr starkem Maße davon abhängen, inwieweit es gelingt, dieses System auch für das Speditionsgewerbe, das heute noch etwa 90 % des gesamten deutschen Stückgutverkehrs kontrolliert, zu öffnen. Dies bedeutet, daß sich die mit schnelleren Zügen und rationellen Umladetechniken erbrachte Teilleistung der Bahn für den Spediteur lohnt und er seine Sendungen auf längeren Teilstrecken über die Schiene transportiert.

*Diskutieren Sie, welche Erfolgsaussichten das neue Bahnkonzept hat!*

*Suchen Sie aus dem Zeitungstext die Argumente, die für eine Zusammenarbeit zwischen Bahn und Lkw sprechen!*

Was spricht Ihrer Meinung nach eher für den Transport per Bahn, was für den Transport auf der Straße?

Heute werden rund 40 % aller Güter im Straßenverkehr, nur 30 % auf der Schiene, 22 % mit Schiffen und 8 % in Rohrleitungen transportiert. Was spricht Ihrer Meinung nach dafür (PRO) und was dagegen (CONTRA), mehr Güter zum Transport auf die Schiene zu verlagern?

| PRO | CONTRA |
|---|---|
| | |

# Straße und Schiene im Verbund

*Lesen Sie den folgenden Artikel aus „Bahn aktuell", indem Sie wieder zunächst wichtige Informationen markieren!*

*Diskutieren Sie in der Gruppe, ob der vorgeschlagene Verbund von Straße und Schiene eine Lösung des Problems bringen kann.*

**„Kombirail" ist eines der Systeme für Sattelanhänger, die auch auf der Schiene fahren können. Der Internationale Eisenbahnverband (UIC) hat die deutsch-französische Entwicklung vor kurzem als erste europaweit zugelassen.**

**Straße / Schiene-Trailer sollen München mit Verona verbinden:**

## *Laster für Gleise kommen in Fahrt*

**Nach umfangreichen Erprobungen von Einzelfahrzeugen soll Anfang 1994 zum ersten Mal ein Ganzzug aus Straße / Schiene-Trailern zum Einsatz kommen, die sich in Minutenschnelle von einem Sattelauflieger in ein Eisenbahnfahrzeug verwandeln. Zunächst alle zwei Tage, später täglich soll der Zug München mit Verona verbinden.**

Anders als beim „klassischen" Schiene / Straße-Verkehr mit Containern, Wechselbehältern oder ganzen Lastzügen entfällt bei Trailern das aufwendige Verladen auf Eisenbahnwagen. Beim Transport auf der Schiene laufen die Trailer auf untergeschobenen Eisenbahn-Drehgestellen. Die Straßenräder bleiben am Trailer und werden lediglich hochgezogen. Auf der Straße zieht eine Zugmaschine den Trailer wie jeden gewöhnlichen Sattelanhänger. Bis zu 31 Trailer können zu einem Zug zusammengekuppelt werden.

Das System verspricht viele Vorteile. Die unproduktive „Totlast", also das Eigengewicht der Transporteinheiten, ist vergleichsweise gering. Für die Umrüstung vom Straßen- in ein Schienenfahrzeug und umgekehrt sind kaum fünf Minuten nötig. Vor allem aber brauchen Straße / Schiene-Trailer keine Umschlagbahnhöfe mit großen Kränen oder mobilen Umschlaggeräten. Es reicht ein mit Straßenfahrzeugen befahrbares, also im Pflaster eingelassenes Gleis, etwa so wie bei der Straßenbahn. Auf unzähligen Fabrikhöfen sind solche Gleise bereits vorhanden; wo es noch keine gibt, kann man sie schnell, ohne langwierige Planung und mit geringem finanziellen Aufwand verlegen.

Die Gesamthöhe des Trailerzugs ist entscheidend niedriger als die Höhe der „Rollenden Landstraße", bei der komplette Lastzüge auf Eisenbahnwagen stehen. So könnten Trailerzüge mit 4,05 Meter Eckhöhe sofort und ohne Ausbau der Tunnels die Brenner- und die Gotthardstrecke uneingeschränkt befahren.

Der Preis eines für Schiene und Straße geeigneten Trailers liegt nur um etwa 10 bis 15 Prozent höher als bei einem reinen Straßenfahrzeug, das je nach Ausrüstung 70 000 bis 85 000 Mark kostet. Außerdem vermindert sich durch die stärkere Konstruktion die Nutzlast um etwa eine Tonne.

Zur Erprobung und Einführung des neuen Systems wurde in München die BTZ gegründet, die „Bayerische Trailerzug Gesellschaft für bimodalen Güterverkehr mbH". Beteiligt sind die Bayerische Landesbank mit 40 Prozent, Schenker Eurocargo mit 20 Prozent, der Landesverband Bayerischer Transportunternehmer und der Landesverband bayerischer Spediteure mit je 15 Prozent sowie die Industrie- und Handelskammer für München und Oberbayern mit 10 Prozent.

Angesichts der immer größeren Schwierigkeiten, Gütertransporte auf der Straße termingerecht durchzuführen, gewinnt die Schiene wieder zunehmend an Interesse, bei den Verladern selbst wie auch bei den Spediteuren. Dem einfachen und schnellen System der Trailer auf Drehgestellen werden deshalb gute Marktchancen eingeräumt, wenn erst die Anfangshürden überwunden sind.

wird
ist worden + PARTIZIP II
ist

*VORGANGS- UND ZUSTANDSPASSIV*

*Suchen Sie im Text Partizipien mit einer Form von **werden** oder **sein**!*

| Vorgang (in der Gegenwart) | Vorgang (in der Vergangenheit) | Zustand (Ergebnis des Vorgangs) |
|---|---|---|
| Damit wird die Maschine seitlich gesichert.<br>Die Maschinen werden ganz unterschiedlich verpackt. | Damit ist die Maschine seitlich gesichert worden.<br>Die Maschinen sind ganz unterschiedlich verpackt worden. | Damit ist die Maschine seitlich gesichert.<br>Die Maschinen sind ganz unterschiedlich verpackt. |

*Entscheiden Sie: Zustand oder Vorgang, Gegenwart oder Vergangenheit?*

Warum wird diese Maschine in Folie eingeschweißt?

Einige Maschinen werden in Bremerhaven auf einen Frachter verladen.

Acht Maschinen sind heute nachmittag von der Spedition abgeholt worden.

Warum ist diese Maschine in Folie eingeschweißt?

Dort wird die Maschine in den Wagen geladen.

Die Maschine ist bereits ausgeliefert.

Warum ist diese Maschine in Folie eingeschweißt worden?

Wenn ein Seetransport vorgesehen ist, müssen die Maschinen in Folie eingeschweißt sein.

Diese Maschine ist vom Werkverkehr abgeholt und nach Ingolstadt gebracht worden.

*Führen Sie die Sätze zu Ende!*

Vor einer Woche ______ (Maschine verpacken).
Die Arbeiter machen die M-CC-1 transportfertig. Die Maschine ______ (in Folie einschweißen).
Die Deutsche Bahn will „in die schwarzen Zahlen“ fahren;
daher ______ (das Teilladungsgeschäft neu ordnen).
Alle Sendungen der Kleinproduktpalette ______ (auf der Schiene transportieren).
Weil mehr als 90 % der Stückgüter ______ (über die Straße befördern), ______ (die Straße überlasten).
Ist die M-CC-1 schon weg? – Ja, die ______ (von der Spedition abholen).
Warum ______ (diese Maschine wasserdicht verpacken)? Sie ______ (nach Übersee verschiffen).

# Wie einigen sich Lang und Lufthansa?

Obwohl Maschinen und Maschinenteile per Lufttransport nicht nur schnell, sondern auch sicher befördert werden, können Schadensfälle nie ganz ausgeschlossen werden. Schäden am Transportgut sind in der Regel versichert. Trotz aller Sicherheitsvorkehrungen wurde eine Maschine, die die Fa. Lang an Ashley & Lewis, einen Kunden in Kalifornien, lieferte, beim Entladen auf dem Flughafen Los Angeles beschädigt. Der Kunde schickte sofort ein Fax nach Fürth. Herr Oestreich, ein Mitarbeiter in der Exportabteilung, setzte sich umgehend mit der Luftverkehrsgesellschaft in Verbindung.

## Transportschaden – auch das noch!

Im folgenden Gespräch zwischen Herrn Oestreich und Frau Pfleger geht es um die in Los Angeles verunglückte Maschine. Frau Pfleger ist Leiterin der Exportabteilung. Herr Oestreich ist ihr Assistent und mit der Abwicklung dieses Exportauftrags betraut.

*Hören Sie zunächst das Gespräch zwischen Herrn Oestreich und Frau Pfleger und notieren Sie Einzelheiten, die Ihnen für die Regelung des Schadensfalles wichtig erscheinen.*

*Lesen Sie jetzt den Dialog und ergänzen Sie Ihre Notizen!*

*Herr Oestreich:* Frau Pfleger, ich hab' gerade ein Fax aus Los Angeles bekommen.
*Frau Pfleger:* Ja. – Und was ist passiert?
*Herr Oestreich:* Eine unserer Maschinen ist wohl beschädigt angekommen.
*Frau Pfleger:* War das etwa die Maschine für Ashley & Lewis?
*Herr Oestreich:* Ja, genau.
*Frau Pfleger:* Ausgerechnet der Auftrag, mit dem wir uns so viel Mühe gegeben haben.
*Herr Oestreich:* Und ich hab' auch alles daran gesetzt, damit die Maschine schnell rüber kommt.
*Frau Pfleger:* Das ist wirklich ärgerlich. Der Kunde hat ja schon so darauf gewartet.
*Herr Oestreich:* Und genau darum haben wir die Maschine per Luftfracht geschickt.
*Frau Pfleger:* Man kann sich heut' auf nichts mehr verlassen. – Nicht mal mehr auf die Lufthansa.
*Herr Oestreich:* Nun ja, vielleicht ist es nicht so schlimm. Ein Mitarbeiter von Ashley & Lewis meint, man könne den Schaden vielleicht in den USA reparieren.
*Frau Pfleger:* Dann versuchen Sie mal sofort herauszubekommen, was genau passiert ist und wie hoch der Schaden ist.
*Herr Oestreich:* Also im Fax ist von 3400 Dollar die Rede.
*Frau Pfleger:* Das geht ja noch. Aber es kostet Zeit.
*Herr Oestreich:* Soll ich mich gleich mit der Lufthansa in Verbindung setzen?
*Frau Pfleger:* Ja, machen Sie das – aber schriftlich, und faxen Sie Ihren Brief gleich in die Zentrale nach Köln!

*Herr Oestreich:* Mach ich. – Sonst war die Lufthansa ja immer pünktlich und zuverlässig.

*Frau Pfleger:* Schon. – Aber ausgerechnet bei einem so wichtigen Auftrag muß die Panne passieren.

*Herr Oestreich:* Alles klar. Ich werd' die Lufthansa darum bitten, uns einen Vorschlag für die Schadensregulierung zu machen.

*Frau Pfleger:* Ja. Und machen Sie ein bißchen Druck! Schließlich sind wir ein alter Kunde.

*Herr Oestreich:* Übrigens verlangt Ashley & Lewis Ersatz für den Produktionsausfall.

*Frau Pfleger:* Auch das noch. – Wieviel denn?

*Herr Oestreich:* 6000 Dollar.

*Frau Pfleger:* Das ist ja ganz anständig. Schreiben Sie das auch der Lufthansa. Mal sehen, was sie dazu sagen.

*Herr Oestreich:* Das ist ja eigentlich eine indirekte Schadensfolge, und dafür braucht das Transportunternehmen nicht aufzukommen.

*Frau Pfleger:* Trotzdem. Vielleicht beschleunigt das aber die Sache.

*Herr Oestreich:* Soll ich gleich eine Kopie des Luftfrachtbriefs mitsenden?

*Frau Pfleger:* Nein, das machen wir später, wenn auch der Sachverständigenbericht da ist. ...

*Herr Oestreich:* ... und die Reparaturkostenrechnung ...

*Frau Pfleger:* ... beziehungsweise der Kostenvoranschlag. – Also schreiben Sie gleich, und machen Sie die Angelegenheit dringlich!

*Herr Oestreich:* Ich beeil' mich.

*INTONATION*

Ich hab' gerade ein Fax aus Los Angeles bekommen.

War das etwa die Maschine für Ashley & Lewis?

Der Kunde hat ja schon so darauf gewartet.

Man kann sich heut' auf nichts mehr verlassen.

Ich werd' sie darum bitten, uns einen Vorschlag für die Schadensregulierung zu machen.

Ich beeil' mich.

*Diskutieren Sie, was in den Brief an die Lufthansa gehört!*

*Erstellen Sie ein Schreiben so, wie Frau Pfleger es wünscht!*

# Ein Briefwechsel

*Lesen Sie das Schreiben von Herrn Oestreich von der Fa. Lang an die Lufthansa, und vergleichen Sie es mit Ihrem Entwurf!*

Deutsche Lufthansa AG
-Vorstand-
Von-Gablenz-Str. 2 - 6

50679 Köln

LANG

PL/pa

08. August 1994

Luftfrachtsendung 220-9876 5432 Nürnberg-Los Angeles
vom 05.08.1994

Sehr geehrte Herren,

die Abwicklung unseres wichtigen Transportauftrages in einer geradezu unmöglichen Weise gibt uns Veranlassung, Ihnen diesen Vorfall zur Kenntnis zu bringen mit der nachdrücklichen Aufforderung, zum einen den finanziellen Ausgleich des uns entstandenen Schadens vorzunehmen und zum anderen in den Reihen Ihrer Mitarbeiter dafür Sorge zu tragen, daß sich Unregelmäßigkeiten ähnlicher Art nicht wiederholen.

Wir haben nicht umsonst Ihre Fluggesellschaft den Diensten anderer Mitbewerber vorgezogen, weil wir uns angesichts langjähriger positiver Erfahrungen mit unseren Maschinenexporten bei Lufthansa in besten Händen wähnten und die ebenso pünktlichen wie auch technisch professionell durchgeführten Lufttransporte Ihres Hauses zu schätzen wußten.

Um so mehr mußte uns enttäuschen, heute von unseren Geschäftsfreunden in Los Angeles zu erfahren, daß die im Betreff näher bezeichnete Sendung - es handelte sich um eine Präzisionsmaschine zur Prägung von Folien - mit erheblichen Beschädigungen am Bestimmungsflughafen eingetroffen ist.

Nach Ansicht eines örtlich eingeschalteten Sachverständigen wird sich die Reparatur in den USA vornehmen lassen, so daß ein kostspieliger Rücktransport der Maschine in unser Werk glücklicherweise unterbleiben kann.

Die Kosten der Instandsetzung werden vorsichtig mit ungefähr USD 3.400.-- veranschlagt. Hinzu kommt ein zu erwartender Produktionsausfall, den unser Kunde bei einer unterstellten Reparaturdauer von 6 Tagen mit USD 6.000.-- beziffert.

Wir erwarten neben einer Stellungnahme, wie es zu solch schwerwiegenden Schäden kommen konnte, Ihr kurzfristiges Schadenregulierungsangebot.

Mit freundlichen Grüßen

P. Lang

Peter Lang

*Wie kommt die Verärgerung der Fa. Lang in diesem Brief zum Ausdruck? Wo wird der Ärger offen ausgedrückt, wo ist er eher verhalten?*

*Erstellen Sie ein Muster für ein Antwortschreiben! Wie sollte die Briefstruktur aussehen?*

*Vergleichen Sie die Entwürfe in der Gruppe und diskutieren Sie die Unterschiede!*

*Entwerfen Sie eine mögliche Antwort der Fluggesellschaft!*

**Lufthansa Cargo**

Fa. Lang
Geschäftsleitung
Postfach

90763 Fürth

12. August 1994

Luftfrachtsendung 220-9876 5432 Nürnberg-Los Angeles
vom 05.08.1994

Sehr geehrte Damen und Herren,

wir danken für Ihren Brief vom 08. August 1994, den unsere Geschäftsleitung an die Abteilung Kundenbeziehungen mit dem Auftrag weitergeleitet hat, dem von Ihnen geschilderten Vorfall unverzüglich nachzugehen und darüber hinaus eine möglichst rasche und unbürokratische Lösung zu finden.

Inzwischen haben wir bereits die mit der Transportabwicklung betrauten Frachtbüros in Nürnberg, Frankfurt und Los Angeles um Stellungnahmen gebeten, um herauszufinden, wo und wodurch Ihre Sendung zu Schaden gekommen ist.

Sie würden uns sehr helfen und damit auch zu einer beschleunigten Abwicklung Ihrer Reklamation beitragen, wenn Sie uns in der Zwischenzeit folgende Belege und Unterlagen zuschicken könnten:

- Sachverständigenbericht des vom Empfänger in Los Angeles eingeschalteten Gutachters, wie in Ihrem Schreiben erwähnt,
- Kopie des Luftfrachtbriefes,
- Handelsrechnung für die Sendung mit Packliste,
- Reparaturkostenrechnung oder Kostenvoranschlag des Reparaturbetriebes,
- Rechtsübertragung (Zession) zu Ihren Gunsten, da die Reklamationsrechte mit der Auslieferung einer Luftfrachtsendung an den Empfänger übergehen.

Nach Erhalt der genannten Dokumente und der Kommentare seitens unserer Außenorganisation werden wir uns mit einer abschließenden Stellungnahme wieder mit Ihnen in Verbindung setzen.

Mit freundlichen Grüßen

Deutsche Lufthansa Aktiengesellschaft
Kundenbeziehungen Fracht

Peter Koch

*Untersuchen Sie die Briefstruktur! Welchen Aufbau hat das Schreiben von Herrn Koch von der Lufthansa? Wie sind die Teile des Schreibens gegliedert?*

*Diskutieren Sie Ihre Briefentwürfe und das Antwortschreiben der Fluggesellschaft!*

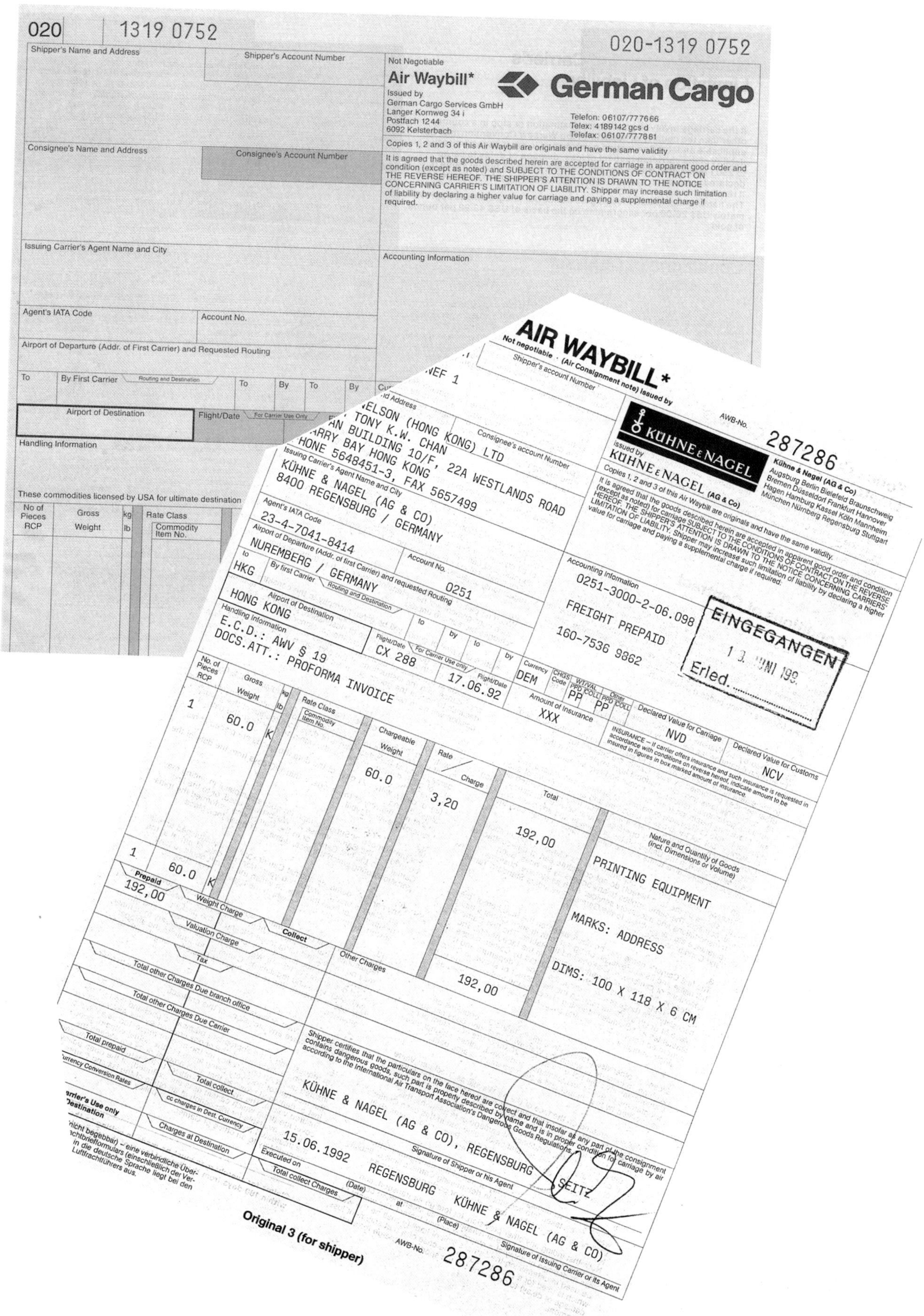

020 1319 0752

020-1319 0752

Shipper's Name and Address | Shipper's Account Number

Not Negotiable

Air Waybill*

German Cargo

Issued by
German Cargo Services GmbH
Langer Kornweg 34 i
Postfach 1244
6092 Kelsterbach

Telefon: 06107/777666
Telex: 4189142 gcs d
Telefax: 06107/777881

Consignee's Name and Address | Consignee's Account Number

Copies 1, 2 and 3 of this Air Waybill are originals and have the same validity

It is agreed that the goods described herein are accepted for carriage in apparent good order and condition (except as noted) and SUBJECT TO THE CONDITIONS OF CONTRACT ON THE REVERSE HEREOF. THE SHIPPER'S ATTENTION IS DRAWN TO THE NOTICE CONCERNING CARRIER'S LIMITATION OF LIABILITY. Shipper may increase such limitation of liability by declaring a higher value for carriage and paying a supplemental charge if required.

Issuing Carrier's Agent Name and City | Accounting Information

Agent's IATA Code | Account No.

Airport of Departure (Addr. of First Carrier) and Requested Routing

To | By First Carrier | Routing and Destination | To | By | To | By

Airport of Destination | Flight/Date | For Carrier Use Only

Handling Information

These commodities licensed by USA for ultimate destination

No of Pieces RCP | Gross Weight | kg lb | Rate Class | Commodity Item No.

---

AIR WAYBILL*

Not negotiable · (Air Consignment note) issued by

Shipper's account Number

…NEF 1

…ELSON (HONG KONG) LTD
TONY K.W. CHAN
…AN BUILDING 10/F, 22A WESTLANDS ROAD
…ARRY BAY HONG KONG
…HONE 5648451-3, FAX 5657499

Consignee's account Number

AWB-No. 287286

KÜHNE & NAGEL

Issued by KÜHNE & NAGEL (AG & Co)

Kühne & Nagel (AG & Co)
Augsburg Berlin Bielefeld Braunschweig
Bremen Düsseldorf Frankfurt Hannover
Hagen Hamburg Kassel Köln Mannheim
München Nürnberg Regensburg Stuttgart

Copies 1, 2 and 3 of this Air Waybill are originals and have the same validity.

It is agreed that the goods described herein are accepted in apparent good order and condition (except as noted) for carriage SUBJECT TO THE CONDITIONS OF CONTRACT ON THE REVERSE HEREOF. THE SHIPPER'S ATTENTION IS DRAWN TO THE NOTICE CONCERNING CARRIERS' LIMITATION OF LIABILITY. Shipper may increase such limitation of liability by declaring a higher value for carriage and paying a supplemental charge if required.

Issuing Carrier's Agent Name and City
KÜHNE & NAGEL (AG & CO)
8400 REGENSBURG / GERMANY

Agent's IATA Code: 23-4-7041-8414
Account No.: 0251

Accounting Information
0251-3000-2-06.098
FREIGHT PREPAID
160-7536 9862

EINGEGANGEN
1 3. JUNI 199..
Erled. ..........

Airport of Departure (Addr. of first Carrier) and requested Routing
NUREMBERG / GERMANY

to: HKG | By first Carrier | Routing and Destination | to | by | to | by

Airport of Destination: HONG KONG
Flight/Date: CX 288 / 17.06.92
Currency: DEM | CHGS Code | WT/VAL PPD COLL: PP | Other PPD COLL: PP
Declared Value for Carriage: NVD
Declared Value for Customs: NCV
Amount of Insurance: XXX

INSURANCE – If carrier offers insurance and such insurance is requested in accordance with conditions on reverse hereof, indicate amount to be insured in figures in box marked amount of insurance.

Handling Information
E.C.D.: AWV § 19
DOCS.ATT.: PROFORMA INVOICE

| No. of Pieces RCP | Gross Weight | kg lb | Rate Class / Commodity Item No. | Chargeable Weight | Rate / Charge | Total | Nature and Quantity of Goods (incl. Dimensions or Volume) |
|---|---|---|---|---|---|---|---|
| 1 | 60.0 | K | | 60.0 | 3,20 | 192,00 | PRINTING EQUIPMENT MARKS: ADDRESS DIMS: 100 X 118 X 6 CM |
| 1 | 60.0 | K | | | | | |

| Prepaid | | Collect |
|---|---|---|
| 192,00 | Weight Charge | |
| | Valuation Charge | |
| | Tax | |
| | Total other Charges Due branch office | |
| | Total other Charges Due Carrier | |
| Total prepaid | | Total collect |
| Currency Conversion Rates | | cc charges in Dest. Currency |
| Carrier's Use only at Destination | Charges at Destination | Total collect Charges |

Other Charges: 192,00

Shipper certifies that the particulars on the face hereof are correct and that insofar as any part of the consignment contains dangerous goods, such part is properly described by name and is in proper condition for carriage by air according to the International Air Transport Association's Dangerous Goods Regulations.

KÜHNE & NAGEL (AG & CO), REGENSBURG
Signature of Shipper or his Agent
SEITZ

Executed on 15.06.1992 (Date) at REGENSBURG (Place)
KÜHNE & NAGEL (AG & CO)
Signature of Issuing Carrier or its Agent

*nicht begebbar) – eine verbindliche Übersetzung des Luftfrachtbriefformulars (einschließlich der Vertragsbedingungen) in die deutsche Sprache liegt bei den Geschäftsstellen des Luftfrachtführers aus.

Original 3 (for shipper)

AWB-No. 287286

*Welche Unterlagen benötigt die Lufthansa und wozu?*

**Lufthansa Cargo**

Fa. Lang
Geschäftsleitung
Postfach

90763 Fürth

19. August 1994

Luftfrachtsendung 220-9876 5432 Nürnberg-Los Angeles
vom 05.08.1994

Sehr geehrte Damen und Herren,

für die kurzfristige Beibringung der von uns benötigten Unterlagen sagen wir Ihnen besten Dank. Auch unsere von der Transportabwicklung berührten Dienststellen am Abgangs-, Transit- und Bestimmungsflughafen konnten von der Dringlichkeit einer Aufklärung des Schadenfalles überzeugt werden; deren Stellungnahmen liegen uns nun ebenfalls vor.

Demnach konnte Ihre Maschine noch vollkommen unversehrt aus unserem Flug LH 450 vom 06. August 1994 entladen werden. Erst bei der Überführung der Fracht vom Flugzeug zur Lagerhalle rutschte die Palette, auf der die Maschine montiert war, in einer etwas scharf angegangenen Linkskurve vom Palettenförderwagen und kippte seitwärts auf den Betonboden des Vorfeldes.

Es steht außer Frage, daß sich unser Unternehmen diesen Arbeitsfehler anlasten lassen muß. Wir bedauern den Vorfall außerordentlich und bitten Sie in aller Form um Entschuldigung. Zu gut können wir Ihre und Ihres Geschäftspartners Verärgerung verstehen, und wir dürfen Ihnen versichern, daß wir unsere Mitarbeiter mit Nachdruck daran erinnern werden, künftig wieder zu der Sorgfalt im Umgang mit hochwertiger Kundenfracht zurückzufinden, die sich traditionell mit dem Namen Lufthansa verbindet.

Die Reparaturkosten gemäß Voranschlag in Höhe von USD 3.400.-- haben wir heute auf Ihr Postscheckkonto überwiesen. Leider müssen die Produktionsausfallkosten bei der Bemessung der Schadenersatzhöhe unberücksichtigt bleiben, weil sie sogenannte indirekte Schadensfolgen darstellen, für die Fluggesellschaften weder nach den Bedingungen des Beförderungsvertrages noch nach luftverkehrsgesetzlichen Auflagen einzustehen haben. In diesem Punkt hoffen wir auch auf das Verständnis Ihres amerikanischen Partners.

Wir würden uns freuen, wenn Sie diesen unliebsamen Vorgang nicht zum Maßstab Ihrer grundsätzlichen Beurteilung unserer Dienste machen würden. Bitte geben Sie uns eine Chance, bei künftigen Transportaufträgen unter Beweis zu stellen, daß wir Dienstleistungen so erbringen, wie Sie es zu Recht von unserer Gesellschaft erwarten dürfen.

Mit freundlichen Grüßen

Deutsche Lufthansa Aktiengesellschaft
Kundenbeziehungen Fracht

Peter Koch

Peter Koch

*Welche neuen Informationen enthält der Brief?*

*Wie versucht die Fluggesellschaft, die Verärgerung der Fa. Lang in den beiden Schreiben vom 12. und 20. August zu beschwichtigen?*

*Suchen Sie Ausdrücke des Bedauerns und der Entschuldigung!*

LANG

Deutsche Lufthansa AG
Abteilung Kundenbeziehungen
Von-Gablenz-Str. 2 - 6

50679 Köln

PL/pa 26.08.1994

Luftfrachtsendung 220-9876 5432 Nürnberg-Los Angeles
vom 05.08.1994

Sehr geehrte Damen und Herren,

über das freimütige Eingestehen eines Arbeitsfehlers Ihrer Leute in Los Angeles und die daraus abgeleitete unkomplizierte Regelung dieses Schadensfalles sind wir sehr erfreut.

Beeindruckt haben uns vor allem Ihre schnellen Reaktionen ohne Wenn und Aber bei gleichzeitigem weitgehenden Verzicht auf Formulare, Anträge und dergleichen.

Ihr Brief vom 19.08. hat entscheidend dazu beigetragen, neuerliches Vertrauen in die Deutsche Lufthansa zu setzen und diesen Schadenfall als einmaliges Vorkommnis schnell vergessen zu machen. In diesem Sinne haben wir auch bei unserem US-Kunden heute in einem Überseegespräch Verständnis dafür erzielen können, daß die ohnehin bislang nicht belegten Ausfallfolgekosten nicht erstattungsfähig sind.

Im Vertrauen auf eine in Zukunft wieder unbelastete Zusammenarbeit verbleiben wir

mit freundlichen Grüßen

Peter Lang

i.A. V. Oestreich
(V. Oestreich)

*Wie hätten Sie geantwortet?*

*Unterstreichen Sie in den Schreiben die Links-Attribute wie z. B:*

die ohnehin bislang nicht belegten Ausfallfolgekosten

*Welche Aufgaben haben die Links-Attribute im Text?*

*DAS LINKSATTRIBUT ALS PARTIZIPIALKONSTRUKTION*

**ein Schaden**
**ein großer Schaden** – ist ein Schaden, der groß ist
**ein entstandener Schaden** – ist ein Schaden, der entstanden ist
**ein uns entstandener Schaden** – ist ein Schaden, der uns entstanden ist
**ein in Los Angeles entstandener Schaden** – ist ein Schaden, der in Los Angeles entstanden ist
**ein gestern auf dem Flughafen entstandener Schaden** – ist ein Schaden, der gestern auf dem Flughafen entstanden ist

*Wie analysieren Sie Phrasen mit stark erweitertem Linksattribut?*
*z. B. in dem Satz:*

Wir werden dem von Ihnen geschilderten Vorfall unverzüglich nachgehen.

1. *Suchen Sie Artikel und Substantiv!*

   dem von Ihnen geschilderten Vorfall

2. *Suchen Sie das vor dem Substantiv stehende Partizip!*

   dem von Ihnen geschilderten Vorfall

3. *Die Erweiterung finden Sie zwischen Artikel und Partizip.*

   dem von Ihnen geschilderten Vorfall.

*Verwandeln Sie die Links-Attribute in Relativsätze!*

der uns entstandene Schaden
der Schaden, der uns entstanden ist / war

die ebenso pünktlichen wie auch technisch-professionell durchgeführten Lufttransporte
die Lufttransporte, die ebenso pünktlich wie auch technisch-professionell durchgeführt wurden

ein örtlich eingeschalteter Sachverständiger
ein zu erwartender Produktionsausfall
der von Ihnen geschilderte Vorfall
eine möglichst rasche und unbürokratische Lösung
die mit der Transportabwicklung betrauten Frachtbüros
der vom Empfänger in Los Angeles eingeschaltete Gutachter
die von uns benötigten Unterlagen
unsere von der Transportabwicklung berührten Dienststellen
eine etwas scharf angegangene Linkskurve
die ohnehin bislang nicht belegten Ausfallfolgekosten
eine in Zukunft wieder unbelastete Zusammenarbeit

# Flughäfen in Deutschland

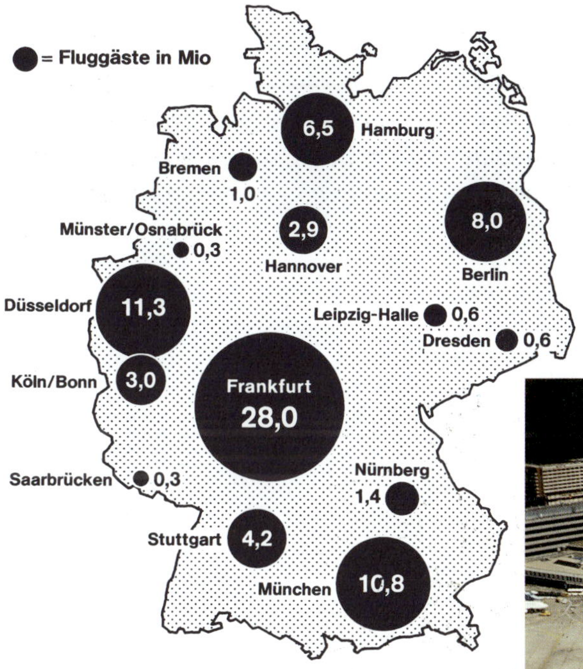

Stellen Sie eine Rangordnung der deutschen Verkehrsflughäfen auf!

*Diskutieren Sie:*

Warum haben einige Flughäfen eine größere Kapazität als andere?

Schauen Sie sich in einem Atlas eine Karte mit der Bevölkerungsdichte in Deutschland an, und stellen Sie die Verkehrsleistung der Flughäfen in Beziehung zur Bevölkerungsdichte des Umlands und zu den großen Industriestandorten!

Für ein vom Export abhängiges Industrieland und ein bedeutendes Reiseland wie die Bundesrepublik spielt der nationale und internationale Flugverkehr eine herausragende Rolle. Ein dichtes Netz von Linien- und Charterflügen verbindet Deutschland mit Großstädten und touristischen Zielen in aller Welt. Wichtigste Drehscheibe für den Luftverkehr ist der im Westen Deutschlands gelegene Frankfurter Rhein-Main-Flughafen. Er ist der größte Flughafen des europäischen Kontinents. Ebenso wie das Rhein-Main-Gebiet verfügen auch andere Wirtschaftszentren der Bundesrepublik über Verkehrsflughäfen, von denen aus internationale Ziele angeflogen werden können und die im innerdeutschen Flugverkehr miteinander verbunden sind.
Die Zahl der Fluggäste belief sich 1991 auf rund 80 Millionen. Allein auf dem Rhein-Main-Flughafen wurden 28 Millionen Passagiere abgefertigt. Der im Charterflugverkehr bedeutendste Flughafen Düsseldorf nahm mit über 11 Millionen Passagieren den zweiten Rang ein. Dicht dahinter lag mit knapp 11 Millionen Passagieren der Flughafen München. Hier wurde 1992 der nahe am Stadtzentrum gelegene Flughafen München-Riem durch einen neuen Großflughafen im Norden der Stadt abgelöst. Die drei Berliner Flughäfen Tegel, Tempelhof und Schönefeld zählten zusammen rund 8 Millionen Passagiere.
Der Luftfrachtverkehr hatte 1991 einen Gesamtumschlag von 1,5 Millionen Tonnen. Davon wurden rund zwei Drittel in Frankfurt abgefertigt. Der gesamte Luftpostverkehr betrug 1991 auf allen deutschen Flughäfen zusammen 0,3 Millionen Tonnen.
Insgesamt gab es im Personen- und Frachtverkehr 1991 rund 1,6 Millionen Starts und Landungen. Für die nächste Zukunft ist mit einer stark wachsenden Nachfrage zu rechnen.

# In Wien angekommen

Zwei Tage nachdem die M-CC-1 für Wien von der Spedition abgeholt worden war, flog Herr Berger nach Wien, um die Maschine bei der Firma Sturm zu installieren und betriebsbereit zu übergeben. Obwohl es sich um ein relativ neues Modell handelte, brauchte er dafür nur einen halben Tag. Am frühen Nachmittag konnte er die Maschine in Anwesenheit von Herrn Gerlach übergeben. Auch Herr Sturm war dabei, als die Maschine zum Probelauf eingeschaltet wurde. Während des Probelaufs rief Herr Berger in Fürth an und teilte Frau Pfleger mit, daß alles in Ordnung sei. Anschließend begann die Einweisung des Bedienungspersonals.

*Hören Sie das folgende Telefongespräch zwischen Herrn Berger und Frau Pfleger:*

*Frau Pfleger:* Lang GmbH, Pfleger.
*Herr Berger:* Grüß Gott, Frau Pfleger. Berger hier. Ich rufe aus Wien an.
*Frau Pfleger:* Ist doch hoffentlich nichts passiert.
*Herr Berger:* Nein, nein, alles in Ordnung. Die Maschine war gestern früh schon hier, und heute morgen habe ich sie installiert.
*Frau Pfleger:* Und ist sie schon probegelaufen?
*Herr Berger:* Wir machen gerade einen Probelauf. Läuft wie geölt.
*Frau Pfleger:* Na, da kann der Sturm aber zufrieden sein.
*Herr Berger:* Ja, ich glaube, die hatten ziemlich Druck. – Jedenfalls sagte mir Herr Gerlach sowas, als ich ihm die Maschine übergab.
*Frau Pfleger:* War Herr Sturm nicht dabei?
*Herr Berger:* Nein, Herr Gerlach hat ihn erst zum Probelauf rufen lassen. Er war in einer Besprechung.
*Frau Pfleger:* Also, wenn alles glatt gegangen ist, fliegen Sie ja heute abend wieder zurück.
*Herr Berger:* Ja, ich bin auf der Maschine um 19.30 Uhr gebucht.
*Frau Pfleger:* Prima. Übrigens mit Lissabon – das hat sich erledigt. Die wollen die Maschine selbst installieren.
*Herr Berger:* Na klar, die haben ja schon eine da stehen und dieser Herr ...
*Frau Pfleger:* ... Suarez ...
*Herr Berger:* – ja richtig – ... der ist ja sehr kompetent.
*Frau Pfleger:* Na gut, ich sag noch schnell Herrn Klein Bescheid. Dann guten Rückflug.
*Herr Berger:* Danke und bis morgen.
*Frau Pfleger:* Ja, bis morgen.

# Liste der unregelmäßigen Verben

(* auch regelmäßige Bildung, ** in anderer Bedeutung, vgl. Kompendium)

| | | | |
|---|---|---|---|
| **backen** | bäckt* | buk* | hat gebacken |
| **befehlen** | befiehlt | befahl | hat befohlen |
| **beginnen** | | begann | hat begonnen |
| **beißen** | | biß | hat gebissen |
| **bergen** | birgt | barg | hat geborgen |
| **bersten** | birst | barst | ist geborsten |
| **betrügen** | | betrog | hat betrogen |
| **bewegen** | | bewog** | hat bewogen** |
| **biegen** | | bog | hat gebogen |
| **bieten** | | bot | hat geboten |
| **binden** | | band | hat gebunden |
| **bitten** | | bat | hat gebeten |
| **blasen** | bläst | blies | hat geblasen |
| **bleiben** | | blieb | ist geblieben |
| **braten** | brät | briet | hat gebraten |
| **brechen** | bricht | brach | hat gebrochen |
| **brennen** | | brannte | hat gebrannt |
| **bringen** | | brachte | hat gebracht |
| **denken** | | dachte | hat gedacht |
| **dreschen** | drischt | drosch | hat gedroschen |
| **dringen** | | drang | ist gedrungen |
| **dürfen** | darf | durfte | hat gedurft, dürfen |
| **empfehlen** | empfiehlt | empfahl | hat empfohlen |
| **erlöschen** | erlischt | erlosch | ist erloschen |
| **erschrecken** | erschrickt | erschrak | ist erschrocken |
| **erwägen** | | erwog | hat erwogen |
| **essen** | ißt | aß | hat gegessen |
| **fahren** | fährt | fuhr | ist/hat gefahren |
| **fallen** | fällt | fiel | ist gefallen |
| **fangen** | fängt | fing | hat gefangen |
| **fechten** | ficht | focht | hat gefochten |
| **finden** | | fand | hat gefunden |
| **flechten** | flicht | flocht | hat geflochten |
| **fliegen** | | flog | ist/hat geflogen |
| **fliehen** | | floh | ist geflohen |
| **fließen** | | floß | ist geflossen |
| **fressen** | frißt | fraß | hat gefressen |
| **frieren** | | fror | hat gefroren |
| **gären** | | gor** | ist/hat** gegoren** |
| **geben** | gibt | gab | hat gegeben |
| **gedeihen** | | gedieh | ist gediehen |

| | | | |
|---|---|---|---|
| **gehen** | | ging | ist gegangen |
| **gelingen** | | gelang | ist gelungen |
| **gelten** | gilt | galt | hat gegolten |
| **genesen** | | genas | ist genesen |
| **genießen** | | genoß | hat genossen |
| **geschehen** | geschieht | geschah | ist geschehen |
| **gewinnen** | | gewann | hat gewonnen |
| **gießen** | | goß | hat gegossen |
| **gleichen** | | glich | hat geglichen |
| **gleiten** | | glitt | ist geglitten |
| **graben** | gräbt | grub | hat gegraben |
| **greifen** | | griff | hat gegriffen |
| **haben** | hat | hatte | hat gehabt |
| **halten** | hält | hielt | hat gehalten |
| **hängen** | | hing | hat gehangen |
| **hauen** | | hieb** | hat gehauen |
| **heben** | | hob | hat gehoben |
| **heißen** | | hieß | hat geheißen, heißen |
| **helfen** | hilft | half | hat geholfen, helfen |
| **kennen** | | kannte | hat gekannt |
| **klimmen** | | klomm | ist geklommen |
| **klingen** | | klang | hat geklungen |
| **kneifen** | | kniff | hat gekniffen |
| **kommen** | | kam | ist gekommen |
| **können** | kann | konnte | hat gekonnt, können |
| **kriechen** | | kroch | ist gekrochen |
| **laden** | lädt | lud | hat geladen |
| **lassen** | läßt | ließ | hat gelassen, lassen |
| **laufen** | läuft | lief | ist gelaufen |
| **leiden** | | litt | hat gelitten |
| **leihen** | | lieh | hat geliehen |
| **lesen** | liest | las | hat gelesen |
| **liegen** | | lag | hat gelegen |
| **lügen** | | log | hat gelogen |
| **meiden** | | mied | hat gemieden |
| **melken** | | molk | hat gemolken |
| **messen** | mißt | maß | hat gemessen |
| **mißlingen** | | mißlang | ist mißlungen |
| **mögen** | mag | mochte | hat gemocht, mögen |
| **müssen** | muß | mußte | hat gemußt, müssen |
| **nehmen** | nimmt | nahm | hat genommen |
| **nennen** | | nannte | hat genannt |
| **pfeifen** | | pfiff | hat gepfiffen |
| **preisen** | | pries | hat gepriesen |

| | | | |
|---|---|---|---|
| **quellen** | quillt | quoll | ist gequollen |
| **raten** | rät | riet | hat geraten |
| **reiben** | | rieb | hat gerieben |
| **reißen** | | riß | hat gerissen |
| **reiten** | | ritt | ist/hat geritten |
| **rennen** | | rannte | ist gerannt |
| **riechen** | | roch | hat gerochen |
| **ringen** | | rang | hat gerungen |
| **rinnen** | | rann | ist geronnen |
| **rufen** | | rief | hat gerufen |
| **saufen** | säuft | soff | hat gesoffen |
| **saugen** | | sog* | hat gesogen* |
| **schaffen** | | schuf** | hat geschaffen** |
| **scheiden** | | schied | hat geschieden |
| **scheinen** | | schien | hat geschienen |
| **schelten** | schilt | schalt | hat gescholten |
| **scheren** | | schor | hat geschoren |
| **schieben** | | schob | hat geschoben |
| **schießen** | | schoß | hat geschossen |
| **schlafen** | schläft | schlief | hat geschlafen |
| **schlagen** | schlägt | schlug | hat geschlagen |
| **schleichen** | | schlich | ist geschlichen |
| **schleifen** | | schliff** | hat geschliffen** |
| **schließen** | | schloß | hat geschlossen |
| **schlingen** | | schlang | hat geschlungen |
| **schmeißen** | | schmiß | hat geschmissen |
| **schmelzen** | schmilzt | schmolz | ist geschmolzen |
| **schneiden** | | schnitt | hat geschnitten |
| **schreiben** | | schrieb | hat geschrieben |
| **schreien** | | schrie | hat geschrie(e)n |
| **schreiten** | | schritt | ist geschritten |
| **schweigen** | | schwieg | hat geschwiegen |
| **schwellen** | schwillt | schwoll | ist geschwollen |
| **schwimmen** | | schwamm | ist/hat geschwommen |
| **schwinden** | | schwand | ist geschwunden |
| **schwingen** | | schwang | hat geschwungen |
| **schwören** | | schwor | hat geschworen |
| **sehen** | sieht | sah | hat gesehen, sehen |
| **sein** | ist | war | ist gewesen |
| **senden** | | sandte** | hat gesandt** |
| **sieden** | | sott | hat gesotten |
| **singen** | | sang | hat gesungen |
| **sinken** | | sank | ist gesunken |
| **sinnen** | | sann | hat gesonnen |

| | | | |
|---|---|---|---|
| **sitzen** | | saß | hat gesessen |
| **sollen** | soll | sollte | hat gesollt, sollen |
| **speien** | | spie | hat gespie(e)n |
| **spinnen** | | spann | hat gesponnen |
| **sprechen** | spricht | sprach | hat gesprochen |
| **sprießen** | | sproß | ist gesprossen |
| **springen** | | sprang | ist gesprungen |
| **stechen** | sticht | stach | hat gestochen |
| **stehen** | | stand | hat gestanden |
| **stehlen** | stiehlt | stahl | hat gestohlen |
| **steigen** | | stieg | ist gestiegen |
| **sterben** | stirbt | starb | ist gestorben |
| **stinken** | | stank | hat gestunken |
| **stoßen** | stößt | stieß | hat gestoßen |
| **streichen** | | strich | hat gestrichen |
| **streiten** | | stritt | hat gestritten |
| **tragen** | trägt | trug | hat getragen |
| **treffen** | trifft | traf | hat getroffen |
| **treiben** | | trieb | hat getrieben |
| **treten** | tritt | trat | hat getreten |
| **trinken** | | trank | hat getrunken |
| **tun** | | tat | hat getan |
| **verderben** | verdirbt | verdarb | hat verdorben |
| **verdrießen** | | verdroß | hat verdrossen |
| **vergessen** | vergißt | vergaß | hat vergessen |
| **verlieren** | | verlor | hat verloren |
| **verzeihen** | | verzieh | hat verziehen |
| **wachsen** | wächst | wuchs | ist gewachsen |
| **waschen** | wäscht | wusch | hat gewaschen |
| **weichen** | | wich | ist gewichen |
| **weisen** | | wies | hat gewiesen |
| **wenden** | | wandte* | hat gewandt* |
| **werben** | wirbt | warb | hat geworben |
| **werden** | wird | wurde | ist geworden, worden |
| **werfen** | wirft | warf | hat geworfen |
| **wiegen** | | wog | hat gewogen |
| **winden** | | wand | hat gewunden |
| **wissen** | weiß | wußte | hat gewußt |
| **wollen** | will | wollte | hat gewollt, wollen |
| **ziehen** | | zog | hat gezogen |
| **zwingen** | | zwang | hat gezwungen |

Bildnachweis

32 Metro Post
40 Kultusministerkonferenz, Bonn
41 Michael Seifert, Hannover
48 Bundesvereinigung der Fachverbände des deutschen Handwerks
52 Globus Kartendienst
64 Bauknecht AG
67 f. Zeitschrift test
71 Linde AG
77 Touristikinformation der Städte Düsseldorf, Frankfurt, Hamburg, Köln, München, Stuttgart
80 Underberg KG
82 Benetton S.p.A.
FAZ (gekürzt)
83 Benetton S.p.A.
87 Telekom
89 Nowea Messe Düsseldorf
91 Hannover Messe
103 Hauptverband der deutschen Holz- und Kunststoffe, Centrale Marketinggesellschaft der deutschen Agrarwirtschaft
105 Deutsche Bundesbahn, Verband der deutschen Reeder, Bundesverband des deutschen Güterfernverkehrs
107 Dachser KG
112 Bundesverband des deutschen Güterfernverkehrs
113 Deutsche Bundesbahn
119 Lufthansa AG
123 Erich Schmidt Verlag, Flughafen Frankfurt AG

Best.-Nr. 50706



ISB N 3-3018-5070-6